商业新世界生存法则

Survival Rules
in the New Business World

一帆　张竞　颦颦　等 ◎ 著

本书分为上下两部分。上半部分为商业新世界理论体系梳理，以华润啤酒董事长侯孝海对于商业新世界理论体系的思考为出发点，详解商业新世界理论提出的背景、啤酒白酒产业以及其他各行各业所展现的新的行业发展趋势和新规律，以及该理论体系对于各行各业的价值。

下半部分为侯孝海与其他企业家、行业学者共同拆解商业新世界理论要素及讲解实践案例，详解变革领导力、产品焕新力、科技创新力、美学表达力、资本提效力、文化加持力、创新牵引力、品牌聚焦力、愿景凝聚力、用户洞察力10个要素。

图书在版编目（CIP）数据

商业新世界生存法则 / 一帆等著. -- 北京：机械工业出版社，2024. 11. -- ISBN 978-7-111-76787-9

Ⅰ. F272

中国国家版本馆CIP数据核字第20248XP403号

机械工业出版社（北京市百万庄大街22号　邮政编码100037）
策划编辑：康　宁　　　　　　责任编辑：康　宁
责任校对：肖　琳　张　征　　责任印制：任维东
北京瑞禾彩色印刷有限公司印刷
2024年11月第1版第1次印刷
170mm×230mm・15.25印张・4插页・191千字
标准书号：ISBN 978-7-111-76787-9
定价：89.00元

电话服务　　　　　　　　　　网络服务
客服电话：010-88361066　　　机　工　官　网：www.cmpbook.com
　　　　　010-88379833　　　机　工　官　博：weibo.com/cmp1952
　　　　　010-68326294　　　金　书　网：www.golden-book.com
封底无防伪标均为盗版　　　机工教育服务网：www.cmpedu.com

推荐语

宁高宁

著名企业家，曾任华润集团副董事长、总经理，及中粮、中国中化等多家大型央企董事长

孝海提出的商业新世界把华润啤酒，可能也把整体商业的思想理念提升了。这个"新世界"包含很多崭新的内容。它代表的进步可以是信仰的，可以是团队的，可以是战略的，也可以是产品的、客户的、品牌的，它们都是在华润啤酒创建世界一流企业的实践中不断创新迭代、持续升级而产生的。这也是华润啤酒由小到大持续成长的原因。一个新的概念的提出代表了认识和思考的新阶段，也会更有力地推动实践进步。很高兴看到这本书中对认识和实践都有深入探讨。

耿超

燕京啤酒集团党委书记、董事长

商业新世界对企业家的核心考验，就是预见力、洞察力。如果肉眼可见的信号都出现了，我们再做应对，肯定晚了。我们要解决的，就是洞察力问题，要透过现象看本质，不畏浮云遮望眼，要能预见未来，并对组织体系、产品、市场做相应的布局。

何勇

中国酒业协会秘书长

商业新世界，从人口到科技、到经济、到社会，是一个整体性的替代，而非平替，是真正的革新。

徐岩
江南大学酿造微生物学与应用酶学研究室主任

坚持自己的个性，讲好自己的故事，这是竞争中最根本的。

黄庭明
江苏张家港酿酒有限公司董事长

做事业、做投资，就像踢足球一样。追球，你永远都追不上，要通过判断，提前跑到某一点等球。同样的道理，做商业，一定不能在时代后面追，要提前站在某个时代发展的风口上，等待时代到来。

宋志平
中国上市公司协会会长

环境确实变了，如果按照原有的思路，无非是打价格战、"内卷"，但如果改变一下，通过创新和战略调整，企业也能开拓新的成长路径。大部分企业失败的原因就在于它们总是用过去成功的经验，这个经验20年前让你成功了，但今天你再沿用这个经验就有可能失败。方法的真正来源是企业的实践。

马未都
文化学者、观复博物馆创办人

酒在中华文明中占有重要一席，这一席不仅仅是物质层面的，更重要的是精神层面的。所以，我们今天在为酒赋予一种新时代形象的时候，更要注意其精神层面的表达。

姚颂

东方空间联合创始人

好胜心、好奇心，喜欢新鲜事物，愿意改变，不愿守旧，这些都是创新的良好基因，是创新特别好的支撑力。

柴琇

妙可蓝多创始人、CEO

在一个不断变化的新世界里，"人、货、场"是供给侧与需求侧最关键的链接要素，而这三者在商业新世界里都发生了巨大的变化，"Z世代"人群具有独特个性，产品需要注重功能价值与情绪价值的双重满足，消费场景需要赋予更加多元的生动体验。在这个新世界，我们要敏锐地发现变化，进而积极拥抱变化并使得我们自己成为变化本身。

陈向东

高途集团创始人、董事长兼CEO

一个企业家如果不想被淘汰，第一，应该要有如饥似渴的学习意识和学习意愿；第二，要把技术融入企业生产、企业文化的打造中；第三，任何时候都要保持孩童般的精气神。

林凡

脉脉创始人兼CEO

现在年轻人的价值主张多元化。如果你的产品迭代缓慢，产品迭代速度追不上年轻人多元化价值追求的演变速度，必然会被年轻人抛弃。你必须要用非常快的速度迭代产品，以应对年轻人快速演变的价值追求和主张。

推荐序

为什么是商业新世界

电视剧《无悔追踪》讲述了这样一段故事：新中国成立之初的北京百姓，大多不了解共产党，不清楚新中国成立意味着什么，还处在旧世界的生活之中，面临新旧社会的大变化，各色人等茫然无措，有人兴，有人衰。这段故事让人唏嘘。倘若我们回到那时，何尝不是要从旧社会走出来面对一个新社会。

对商业而言，新旧世界的差异更甚。

自 20 世纪 90 年代开始，啤酒行业受益于中国经济的高速发展，啤酒消费量快速增长，产量持续提升，很快走到世界前列。啤酒产业十几年里都四处澎湃着激情和梦想，并购、建厂、整合、建品牌，风云跌宕，豪杰四起，群雄逐鹿。燕京、青岛、雪花各领风骚，争抢行业老大，谱写出一个资本驱动、并购整合、品牌发展、规模扩张的黄金时代。2008 年雪花单品牌销量达到全球第一，2013 年华润啤酒突破"双千万千升"（公司销量及雪花啤酒销量），中国啤酒行业规模发展达到了顶峰。

2013 年是分水岭，啤酒行业的产量从 2014 年开始连续下滑，2023 年产量已比高峰期减少了四分之一以上。十年来，经济型啤酒销量持续收缩，高档产品快速增长，产品结构持续改变，不少国际品牌异军突起，头部企业利润均明显提升，呈现出了"别样的风景"。种种迹象都宣示着啤酒行业进入了高端化、集约化发展的新历程，走上了高质量发展的产业新周期。

这是一个发展趋势的大变化。

这是一个产业周期的新迭代。

这是一个竞争格局的再洗牌。

假如我们回到2013年,我们能预测到这个变化吗?我们会采取措施应对这个新周期吗?

事实是:雪花啤酒不是那个"春江水暖鸭先知"的代表。销量进入下滑通道,听装酒逐年发展,大工厂的优势突显,产能富余和失衡日益突出,高端酒迅猛增长,这些行业的发展趋势,并没有引起我们足够的重视。甚至在2013年部分市场还在花费巨大投入追求份额突破,一些工厂还在不断地新建瓶装线,或许我们讲述98家工厂、"双千万千升"历史故事的时间长了,市场竞争的意识也模糊了……

更为遗憾的是,我们的竞争对手在行业高端化发展前期,如入无人之境,迅猛发展,短短五六年时间,成为高端市场的王者,品牌、利润、效率、质量、员工收入等方面在行业里遥遥领先。

我们除了"规模第一"和"勇闯天涯"外,似乎已经没有什么可以骄傲的了。

当我们在2017年开启高端化新战略的时候,有一种"早知今日,何必当初"的沮丧,也有错失5年变革窗口的抱怨。我们并不否认,我们确实失去了那5年,不管有多少借口。有人说我们没有高端品牌,有人说我们工厂太多了,有人说我们一路并购背负的资产太重,有人说我们就是做普通酒和勇闯天涯的,有人说我们规模太大已经难以转身了……听起来都对,但又都不对,随后的几年,公司的变革证明了当时的这些托词只是在逃避困难、自圆其说。

商业世界里,跟不上时代、转型不及时和变革失败的案例比比皆是。

商业历史长河里，消沉的企业多着呢。作为啤酒规模时代的大赢家，雪花啤酒承袭了旧时代的发展模式，一时跟不上发展趋势仍属正常，我们没看到新的趋势，我们没跟上新的周期，我们在产业转弯处掉队了，我们承认了，不丢人。

问题是，为什么？

雪花啤酒为什么落后了？为什么当初没有及时调整战略？这个深层的逻辑找不到，雪花啤酒的战略变革就无法扬帆起航，就无法获得基本的逻辑支持和变革勇气。

2021年7月，我参观西柏坡，感受红色洗礼。当我看到毛泽东主席在七届二中全会上说的"我们不但善于破坏一个旧世界，我们还将善于建设一个新世界"的时候，"新世界"这个词就脱颖而出。我们过去没有及时地反思和转型，没有迅速地调整战略，那是因为我们还在旧世界里，不知道世界已变，新世界已经到来了。

产业周期变了，啤酒的世界变了，啤酒旧世界的逻辑和能力、经验，已无法适应啤酒新世界的规则和需求了。啤酒产业已经从规模发展走向高质量发展，从并购整合走向高端化，从做大走向做强，从"70后""80后"走向"00后"，从普通酒走向中高档酒，从塑箱瓶装走向纸箱听装，从低效走向高效，从不赚钱走向赚钱……

有了新旧世界的概念，就非常容易说服管理团队和广大员工，就很清楚我们身在何处、我们走向何方，就更容易凝聚共识、积聚力量，走在正确的道路上，站在历史正确的一边。

随后我花费精力把啤酒旧世界的规则、规律、发展模式、竞争力等做了系统的阐释，通过走访市场、咨询研究、实践探索，逐步把啤酒新世界的画像、发展趋势、核心动能一一描绘出来，从而形成了啤酒新旧世界的对标矩阵，确立了雪花啤酒走出旧世界、走向新世界的方向、路径及战略组织文化等重大变革举措，进一步规划出"3+3+3"的改革蓝图，并在2022年提出"做啤酒新世界的领导者，做白酒新世界的探索者"的企业愿景。

毫无疑问，新世界，是雪花啤酒的一个方法论，是用来解决方向问题，解决战略问题，解决业务问题，也是解决组织和人的思想问题的。

伴随着雪花啤酒的变革效应不断显现，外界开始关注雪花啤酒的啤酒新世界理论，一些企业家认为新世界方法论不仅仅对啤酒产业，而且对商业世界的其他产业也有不小的启示。2023年我们和《中国企业家》杂志一起，与多个商业组织的领导者共同探讨商业新世界的变化和规则，更加深入地扩展商业新世界的思维和逻辑，共同应答百年未有之大变局和高质量发展、科技涌现、人群迭代等新时代商业课题。

商业新世界，没有标准答案。每个人、每个企业、每个产业都有自己的新世界命题，都有自己的新世界答案。我们相信，商业新世界一定比商业旧世界更加多彩和绚丽。

华润啤酒董事会主席
侯孝海

自 序

出发吧，向着伟大新航路

因为职业的缘故，近二十年来，我与国内外多位企业家都有深度接触。若将每个人的特质视为一座金字塔，95%以上的基座部分彼此大抵相同，一个人若能成事，差别只在剩下的5%，而令我着迷的就是研究这5%的部分。

侯孝海先生的5%中，最典型的是他思考的深度与广度。他是一位火线领导者，具有拳拳到肉的战略、运营、管理、营销等方方面面的经验，又能时时跳出来用更超越的视角来观察、总结自己和企业，乃至整个商业生态。

我们相识于2006年，那恰是他意气风发的一年。彼时他还是华润雪花啤酒（中国）有限公司（以下简称"雪花啤酒"）市场总监，那一年奥运营销正在火爆，他却剑走偏锋，创造了"非奥运营销理论"，让雪花啤酒成为非奥运营销的代表品牌。同年他开发勇闯天涯啤酒，这是啤酒行业第一个将品牌推广活动与产品联结的创举，影响延续至今。就在这一年，华润雪花啤酒成为销量全国第一并率先突破500万千升的啤酒企业。

2008年，为了突破职业天花板，他突然离开，先后担任金星啤酒集团总经理、英博集团亚太区副总裁，可在2009年又回到雪花啤酒。到2016年，他成为雪花啤酒总经理，后任华润啤酒（控股）有限公司（以下简称"华润啤酒"）董事会主席。从基层做起，在竞争对手那里转了一圈又杀回来，最终成为一把手,在央企中,这种成长路径并不多见。央企干部是否也可能具有企业家精神,是个颇能引发讨论的话题,不过至少在老侯身上,企业家精神是显性存在的。

从2017年开始,华润啤酒提出了新五年发展战略纲要,随后,又发展为"3+3+3"战略,由此揭开了九年变革之路。

对华润啤酒而言,变革之初的状态可用"表面繁荣"来描述。自改革开放始,中国啤酒行业进入繁荣阶段,很多啤酒企业涌现。到20世纪八九十年代,啤酒行业出现大规模并购。华润啤酒诞生于1993年,而从20世纪90年代到21世纪前十年,是全行业发展速度最快的二十年。正是趁着这样的机遇,华润啤酒像滚雪球那样发展,从收购一家企业到收购100家企业,从一个小规模的酒品牌到1000万千升的大品牌,其实也就用了十几年时间。这是一个规模快速增长的时代,也是并购的"黄金年代"。

2013年,华润啤酒突破"双千万千升"(公司销量及雪花啤酒销量),创下中国啤酒销量纪录。但就在2013年,中国啤酒行业产量见顶,随后转折向下。2013年中国啤酒行业总产量和销量均突破5000万千升,随后便进入下滑区间。根据国家统计局数据,2021年全国啤酒产量为3562.43万千升,较2013年已萎缩29.62%。这也意味着,以规模换增长的逻辑讲不通了。

到2016年,华润啤酒已经拥有98家工厂,总销量1172万千升,营业收入287亿元。它坐稳了行业老大的位置,可这个位置并不舒服,简而言之就是有量乏质,收购来的大量工厂效率低下,产品还被打上"低端""工业啤水"的标签。

从百威英博等竞争对手身上,侯孝海嗅到了危险的味道。在中国市场,百威英博曾一直落后于雪花啤酒和青岛啤酒。2008年,百威与英博的高端酒加起来，在全国市场销量仅五六十万千升。但到 2014 年，合并后的百威英博全国高端酒销量已达 150 万千升。这究竟是为什么？侯孝海意识到华润啤酒的利润、市值、人效、管理模式、品牌价值等都与国际竞争对手存在差距，而且差距还在变大。

启动变革之后，他一边做减法，一边做加法。减法上，先用三年去包袱，优化了 20 多家装备落后、规模很小、效率不佳的工厂，减少了近 3 万名员工。如此大规模调整，对民营企业来说很难，对国有企业更不容易。员工会骂，地方政府也不开心。侯孝海此刻表现出了八风不动的钝感力，对各种声音置若罔闻。

在加法上，他开启了高端化之战，从好品牌、好产品、好渠道、好场景入手。2019 年，华润啤酒与喜力®集团达成全球战略伙伴关系，经过艰难谈判，华润啤酒获得了喜力®品牌的授权，以及喜力®在中国的工厂、业务。之后，华润啤酒构建了自己的决战高端方法论——"五点一线"。

从 2017 年至 2023 年，华润啤酒从规模到质量发生了根本性改变，企业价值和品牌价值也实现跃升。在啤酒行业 6 年里整体销量下降 25% 的情况下，它保证了 1100 万千升的基本盘。另外，管理效率和成本控制能力全面提升，建立了效率较高、成本控制较好、更加现代化的高质量管理体系；组织文化也发生了翻天覆地的变化，员工的士气、组织能力、员工氛围等都大不相同。

此变革至今未竟全功，而侯孝海的商业新世界理论，在实战过程中逐渐成形。侯孝海意识到，中国啤酒行业规模发展时代结束了。在商业旧世界，本土啤酒企业依靠在全国跑马圈地，通过并购与整合形成规模和品牌优势，判断一家啤酒企业做得好不好，主要有三个衡量维度：量是否大，工厂是否多，以及产品覆盖是否够多、够广。

在商业新世界，啤酒行业开始转向高质量发展，表现是：产品品牌越来越追求形象、档次、价值，由"大"转向"好品质和高档次"；产能由分散向集中发展，由小厂、弱厂向大厂、强厂发展，开始基地化、集约化。以前谁收购得多，谁能整合得了，谁有本事；现在变成了工厂越少、效率越高，越有本事。

如果将啤酒行业发生的故事推而广之，就会发现这也是中国消费行业发生的变化。如果再拓展到整体商业大格局，就不难发现，一个商业新世界正逐渐取代旧世界。这种转换悄无声息，却又势不可当。

关于商业新世界和旧世界，两个影像在侯孝海头脑中交相重叠冲撞，一度令他兴奋不已，他感觉自己隐隐找到了串起过去、当下和未来的一条金线，随着打磨，他的思考逐渐清晰：如果我们不看清当下的大变局，就无法看到企业面临的困难和希望；我们总觉得这个世界不像过去看到的，总觉得有不同、有冲突、有困难，其实是因为我们身处的今天已经跟过去完全不同，正因为我们没有走进新世界，所以更容易彷徨、迷茫；这不是一个做加法的年代，而是做减法、做价值、做质量的年代；企业对商业新世界的适应能力是应对今天不确定时代最重要的一种竞争能力。

交流这些想法时，我也颇有共鸣。近年来，看到很多企业家朋友陷入焦虑，或是找不到第二增长曲线，或是转型走入死胡同，或是债务重压、现金流紧张。每家公司自然有各自具体的困难，但如果站到更高处看，对大势判断错误往往是各种失误原因的交集。

一位园林绿化领域的企业家曾向我感叹，就因为陷入了惯性思维，没有及时抬头看天，导致公司走到了悬崖边。她从创业以来一直以PPP项目模式（即Public-Private-Partnership，一种政府与社会资本合作模式）为主，该模式正常情况下有杠杆效应，风险较低，但投资大、周期长、成本回收缓慢。因此她虽然持续盈利，却需要不断发债融资，借新还旧，来维持经营资本运转。从2018年开始，金融环境变化，地方债高企，地方政府减少了市政园林建设投资。该公司发债失败，再加上产生了大量应收账款，最终造成了流动性危机。

冯骥才《神鞭》中的故事，在现实中反复上演。傻二是旧世界里的顶尖高手，辫子功打遍津门无对手，战胜东洋武士后，"神鞭"的声望达到了顶峰。但在洋枪洋炮面前，"神鞭"变得不堪一击。傻二消失了一年，再次出山之后，赖以成名的辫子已经没有了，他成了神枪手。结尾处，他自信地说：我把辫子剪了，但是"神"留下了。

很多企业家还活在故事前半段，沉浸在天下无敌的幻觉中，但能剪掉辫子留下"神"的，才是真高手。

中国上市公司协会会长宋志平先生，曾任中国建材集团、国药集团两家世界500强央企的董事长，他于2024年4月出版了新书《稳健经营》，这本书讲的就是变局之下的企业生存之道。在商业旧世界中，"稳健"难以获得鼓励，企业追求的是"速度与激情"，但如宋志平先生所说，世界百年未有之大变局加速演进，国际国内形势都发生了变化，当下，我们既要看到困难和压力，也要看到机会和希望，坚定信心和勇气，调整好企业的战略思路和经营方式。

他认为，今天做企业确实面临的压力很大，再也不可能回到以前了，只能在不确定性下调整心态、做好自己，在脆弱性下更加坚韧、稳健发展。在经营定位和方式上，企业要重视几点：合理定位，把握周期，做强主业，管理风险，同时要注重能解决实际问题、产生市场价值的有效创新。

由此可见，侯孝海的商业新世界理论触及了商业底层逻辑的变化，很多有见识的企业家也早已开始践行，如果将之概念化并大声说出来，能帮助更多企业家、创业者少走弯路，甚至能帮助他们在车过弯道时不被甩出去。

我们商讨后得出共识，商业新世界应该是一个动态的、开源的系统，而不仅是基于个人体验的总结。因此，应该引入行业内外、不同领域的思想者，共同来碰撞交流和丰富这一概念，因此才有了此书。

　　借用《海贼王》中热血"中二"的台词，献给商业新世界的探险家：出发吧！向着伟大航路！穿越万千残酷的大海，如太阳一般灿烂的船。

一　帆

目 录

推荐语

推荐序　为什么是商业新世界

自　序　出发吧，向着伟大新航路

第一部分　走进商业新世界

第 1 章　商业新世界生存法则

全球大变局 / 005

新时代下的高质量发展 / 009

科技大变革 / 013

消费新世代 / 016

"黑天鹅"后的复苏期 / 020

第 2 章　华润啤酒探路记

大船转舵　战略制胜 / 026

少即是多　组织再造 / 030

品牌重塑　高端之战 / 033

数字转型　链路打通 / 038

知行合一　文化重塑 / 040

第二部分　思想激荡

第 3 章　新世界之变革领导力：变革之痛

——华润啤酒侯孝海对话燕京啤酒耿超 / 046

"等不起了" / 048

做有效的减法 / 052

变革要"外看刚硬，内看柔软" / 056

第 4 章　新世界之产品焕新力：
酒业增长逻辑已经变了
——华润啤酒侯孝海对话中国酒业协会何勇 / 060

新世界已来 / 062

增长逻辑已经变了 / 064

高质量的锚点 / 067

共情力 / 070

第 5 章　新世界之科技创新力：
白酒到底需要什么样的创新
——华润啤酒侯孝海对话江南大学徐岩 / 072

"自然的故事"也要有科技支撑 / 074

传承和创新相互交织 / 076

怎么定义好酒 / 081

既要、又要、还要 / 083

白酒仍是大故事 / 085

第 6 章　新世界之美学表达力：
真正的"美"酒时代到来
——华润啤酒侯孝海对话沙洲优黄黄庭明 / 088

"美经济"崛起 / 090

真正的"美"酒时代到来 / 094

真正的极限运动是做企业 / 097

第 7 章　新世界之资本提效力：
新世界需要怎样的认识论和方法论
——华润啤酒侯孝海对话宋志平 / 102

商业世界存在新旧之分 / 104

战略是一种取舍 / 105

是认识，也是方法 / 107

蓝海是新的战略 / 110

过去剪彩重要，现在"剪枝"更重要 / 112

组织的知行合一 / 114

文化定江山 / 117

把投资者当"老板" / 120

第 8 章　新世界之文化加持力：
酒文化创新"车行半步"
——华润啤酒侯孝海对话文化学者马未都 / 122

白酒吃亏在没颜色 / 124

醴是中国人的待客酒 / 126

啤酒新世界的文化 / 128

专业收藏酒成本太高 / 131

中国酒文化创新还处在表层 / 133

第 9 章　新世界之创新牵引力：
造火箭和做啤酒，都需要创新
——华润啤酒侯孝海对话东方空间姚颂 / 138

火箭和啤酒，都需要创新 / 140

创新的底层逻辑 / 143

好奇心是创新的动力源 / 147

创新要突破文化壁垒 / 150

长期目标和短期利益的平衡 / 153

第 10 章　新世界之品牌聚焦力：打爆大单品
——华润啤酒侯孝海对话妙可蓝多柴琇 / 158

创业初期：找准赛道，聚焦大单品 / 160

当竞争对手较少时,如何完成用户教育 / 163

老品类创新要把握消费者和消费周期 / 165

没有大单品的头部企业,不是头部 / 168

通过系列组合,打造新的大单品 / 170

第 11 章　新世界之愿景凝聚力:
　　　　警惕"成功者陷阱"
——华润啤酒侯孝海对话高途集团陈向东 / 174

保持学习热情 / 176

把学习变成一种文化 / 177

避免伪学习 / 180

放下面子 / 182

新业务的打法 / 186

警惕"成功者陷阱" / 187

变革要走"大路" / 189

美妙感 / 191

如何看待"泼天富贵" / 194

第 12 章　新世界之用户洞察力:
　　　　和年轻人玩在一起
——华润啤酒侯孝海对话脉脉创始人林凡 / 196

"美好"多元化 / 198

产品设计"少一步" / 202

不能把房子建在一片沙滩上 / 205

反攻主流企业主阵地 / 209

说"躺平"的年轻人,在努力工作 / 212

附　录

小贴士:老侯的新世界 36 计 / 219

第一部分
走进商业新世界

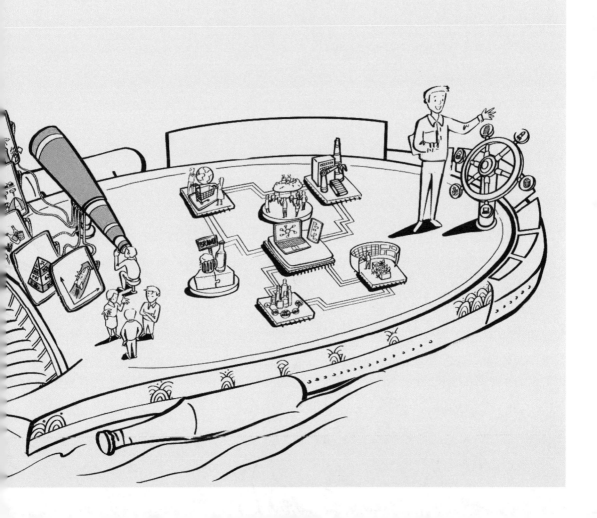

第 1 章
商业新世界生存法则

杰出的军事哲学著作《孙子兵法》中的核心概念之一就是"势"。取胜的关键,即"任势",也就是在有利的形势下发起行动。理解我们处在一个怎样的商业世界,是最大的"任势"。

我们会有一个模糊的感觉,即觉得今天的商业世界与昨日的有所不同,似乎需要用全新的视角来洞察时局,才能看清外部环境及行业变化、发展趋势,才会清楚自己未来的目标、当下该做的事。但对于这种视角是什么,一时又难以总结归纳。

华润啤酒董事会主席侯孝海完成了这个概念化的工作。他在2021年首次提出我们正进入商业新世界,即消费行业,乃至各行各业,都进入了全新的生态环境,各行业的场景、消费人群、消费方式、品牌宣传、产品设计、渠道都发生了根本性的改变。放眼到更宏观的层面上,国家乃至全球的商业环境,都发生了巨大的变化。他认为新世界是诠释变革时代的基本商业逻辑,是驶出竞争红海的新航道,不懂商业新世界,即使赢得一城一地,也终将输掉全部未来。

商业新世界,看起来并不是一个炫酷的概念。所谓大道至简,之前的"新零售""产业互联网""移动互联网下半场",也都是平实的表达,但却清晰定义了一个商业阶段的特征。

侯孝海提出商业新世界概念,不是关起门想出来的,而是在华润啤酒的变革实践基础上不断思索、总结而形成的,如今已成为华润啤酒推动变革最重要的战略思想和指导方针。

2014年,中国啤酒行业在经过20多年的高歌猛进后首次出现负增长。

业界通常将这一年作为国内啤酒产业发展的分水岭。在此之前，行业处于规模发展阶段，此后则进入高质量发展阶段。行业的主要竞争点也从主攻规模与销量，转变为高端化。

2017年，时任华润啤酒CEO侯孝海提出"3+3+3"战略。这一年开始，华润啤酒将刀尖向内，大刀阔斧地改革，优化工厂、大面积精减人员，进行组织再造。在之后的5年中，华润啤酒关掉了36家低效工厂，优化了500多万千升无效产能，同时重塑品牌，并牵手喜力®集团，成功并购喜力®在中国的业务。

经过第一个三年的"去包袱、强基础、蓄能量"，实现了有质量的增长后，华润啤酒将目光瞄准高端化市场。2019年，侯孝海提出"大决战"，树立与主要对手决战的目标。

2020年，华润啤酒成为行业的逆行者，打响高端决战的"第一枪"。2020年10月，基于一年的弯道超车，侯孝海提出势能论，即将华润啤酒过去几年在品牌、人才和渠道上有质量发展积累的优势，转化为市场竞争中的势能。

到2021年，侯孝海认为，在世界和中国都面临着百年未有之大变局的背景下，应对啤酒行业发展进行全面、全新的梳理。整个啤酒行业正从规模发展转向高质量发展，从产品时代转向品牌时代，从做客户到做消费者，从与消费者的一般沟通到消费者的心智占领。也就是说，啤酒行业从生产到销售到终端管理都需要改变。他将之称为"新世界"。至此，商业新世界理论最终成型。

商业新世界理论涵盖了侯孝海多年来对于经济格局、产业发展、市场变化、消费环境、企业经营等的观察思考与经验积累，并得到了酒业以外各行各业的认同。

若要"任势"，必须先能"明势"。身处巨变洪流中，企业不能再用商业旧世界的眼光来看待新世界，也不能用旧世界的方法来应对新世界的挑战。在旧世界成长靠转型，在新世界成长靠转基因。

具体而言，商业新世界的基本构成如下：全球大变局、新时代下的高质量发展、科技大变革、消费新世代、"黑天鹅"后的复苏期。

全球大变局

当今世界处于百年未有之大变局。这场变局不限于一时一事、一国一域，而是深刻而宏阔的时代之变。

党的二十大报告指出，"当前，世界之变、时代之变、历史之变正以前所未有的方式展开"，同时强调，"从现在起，中国共产党的中心任务就是团结带领全国各族人民全面建成社会主义现代化强国、实现第二个百年奋斗目标，以中国式现代化全面推进中华民族伟大复兴"。报告还宣示："中国始终坚持维护世界和平、促进共同发展的外交政策宗旨，致力于推动构建人类命运共同体……中国人民愿同世界人民携手开创人类更加美好的未来。"这些重要论断与重大宣示彰显了以习近平同志为核心的党中央对世界大势、时代大势、历史大势的深刻把握，从战略高度对中国发展的外部战略环境做出新的重大判断，并给予稳健的战略应对。

在人类历史的长河中，世界发展变化从来都是各种力量、各种矛盾相互交织、相互作用的综合结果。过去很长一段时间内，世界经济的重心在北大西洋两岸，西欧各国和北美是全球经济的重要支柱。21世纪以来，随着中国、印度、巴西、南非等发展中国家的崛起，新兴市场国家实力不断壮大。加之2008年国际金融危机对欧美的重创，世界经济重心开始由北大西洋转向太平洋，特别是太平洋西岸。

根据国际货币基金组织发布的数据，2001年至2021年，发达国家国内生产总值占世界经济总量比重从78.85%下降至59.08%；新兴市场和发展中国家国内生产总值占世界经济总量比重从21.15%上升到40.92%，对世界经济增长的贡献率已经达到80%，成为全球经济增长的主要动力。

中国改革开放四十多年来，经济发展突飞猛进，已稳居全球第二大经济体，经济的辐射和带动作用巨大。2023年，中国经济增量超过6万亿元，相当于一个中等国家一年的经济总量。国际金融论坛报告显示，2023年中国经济对全球经济增长贡献率达32%，是稳定世界经济增长的重要力量和最大引擎。

随着中国的发展进入新时代，中国与世界的关系也发生了深刻变化。中国经济对世界经济的影响、世界经济对中国经济的影响都是前所未有的。

以中国为代表的新兴市场国家和发展中国家群体性崛起，从根本上改变了国际力量对比。

随着2008年美国金融危机和欧洲债务危机的延宕及对全球的冲击，西方世界制度体系面临重塑，内部出现矛盾并开始向全球递延和演变，从而给全球政治、经济、社会的发展带来了更多变数，深刻影响着企业当下的经营。一个重要表现是，经济全球化进程发生显著变化。

经济全球化是近代以来影响世界发展的最重要趋势，也是世界经济增长的强大动力。得益于技术进步和全球化推动，过去数十年，人类社会在商业方面取得的成就超过了之前百年。全球化在世界范围内促进了商品大流通、贸易大繁荣、投资大便利、资本大流动、技术大发展，各国通过生产要素的流动和产业链、价值链、供应链的构建实现了联动发展，世界一体化程度和水平显著提升。

中美两国在全球化进程中都获得了巨大利益，但我们正经历国际秩序

30年来最大的变化，这是理解全球大变局的基本背景。

近年来，经济全球化进程中各种经济社会矛盾激化，导致逆全球化思潮抬头，单边主义、保护主义明显上升，经济全球化步伐明显放缓，甚至出现了某种程度的去全球化、全球化分裂现象，世界进入新的动荡变革期。

为遏制新兴市场国家和发展中国家崛起，西方国家采取脱钩断链的办法，打"逆全球化"牌，以"本国优先"为名的贸易保护和单边主义甚嚣尘上。

一段时间以来，美国接连出台对华限制措施，大幅推进对华贸易、高科技、供应链等领域建"小院高墙"式"脱钩"，双边直接投资也成为"断链"重灾区。如用"实体清单"进行技术封锁和供应链隔离；以"国家安全"为由，对华为进行全方位封堵、对TikTok疯狂围猎；收紧投资审查，对包括中国企业在内的外资企业投资设障；在半导体等高科技领域，以应对全球芯片危机为名，向全球多家芯片相关企业强索商业机密数据……到2023年7月，美国已将1300多个中国企业、机构和个人列入各类制裁清单。

一个鲜明的案例是TikTok事件。2020年，时任美国总统特朗普签署行政令，以"对美国国家安全构成威胁"为由，禁止任何美国个人或实体与TikTok、微信及其中国母公司进行任何交易。最后，该行政令被美法院判定违宪，于2021年6月被美商务部撤销。

拜登政府上任以来，美国对TikTok的围猎愈演愈烈。2022年12月，美国国会投票决定禁止联邦雇员在政府所有的设备上使用TikTok。2023年2月，白宫向美国联邦政府机构发布备忘录，要求在30天内确保政府设备上不能再出现TikTok。此后，有外媒报道，美方将要求TikTok强制出售。2023年5月，蒙大拿州州长签署禁令，禁止TikTok在该州运营，蒙大拿州成为美国首个出台相关禁令的州。

2024年4月24日，美国总统拜登签署了950亿美元的一系列对外援助法案，其中就包含要求字节跳动在未来9个月到1年内剥离TikTok，否则该应用程序将被禁止在美国上架。TikTok面临生死时刻。

当前的剧变，还体现在发展范式正在发生深刻变化上。以传统工业化为导向的发展范式曾有力推动了人类文明的进步。但这种发展范式并非恒久有效，新一轮科技革命和产业变革将促进新陈代谢、引发激烈竞争，使传统发展范式向新发展范式转变。

可见的现实是，虽然全球化出现了种种挑战，但之前我们以将国外资金、商品和技术"引进来"为主，而今天，我们将自己的资金、商品和技术"走出去"，迎来了中国企业全球化新时代。

中国新能源汽车、锂电池、光伏产品"新三样"出口快速增长。2023年，电动载人汽车、锂离子蓄电池、太阳能电池等产品合计出口1.06万亿元，首次突破万亿元大关，同比增长29.9%。中国人的生活方式也正走向海外，喜茶、奈雪的茶、蜜雪冰城、霸王茶姬等中国新茶饮品牌开始在海外市场落地，中国火锅也正组团走向遥远的欧洲市场。

另外，中国的电子商务经过了20多年的发展，在服贸领域具备了完善的供应链、产业链，以及通过互联网电商平台精准反向定制的能力，因此才有希音、Temu的横扫全球。

我们不难发现，虽然风险处处都是，但机会也到处都有。每家企业掌握的关键资源与关键能力不同，各种不同的经济体的发展阶段也不一样。这造成了每家企业在各种经济体都有"对号入座"的机遇。

有的企业是商品（与服务）出海，有的企业是向海外输出技术，有的企业是资金出海——四处投资设厂或购买优质资产，还有的企业是打"商品+技术+资金"组合拳。例如提供新能源汽车动力电池的宁德时代，就是针对不同市场打不同拳：对日本市场的丰田与本田客户是输出商品；对美国市场的福特则是输出技术，提供整厂方案与整厂建设；而对欧洲的宝马与大众等客户，则是通过自有资金投资在欧洲本地设厂。

当然，在制定海外的发展策略时，必须清晰地认识到当地市场的独特性，了解总公司商业模式中，哪些方面无须改变，哪些方面需要因地制宜，哪些方面需要彻底改变。没有一条不变的战略可以适用于所有国家，必须根据不同市场情况做战略调整。

了解历史才能看得远，理解历史才能走得远。改革开放以来成长起来的中国企业，经历了多轮内部周期，但少有企业经历过全球周期。如果缺乏对全球大变局的深刻认知和全面、动态的跟踪，企业战略可能会建立在一片即将发生地震、海啸的板块上，一旦风险袭来，企业会顷刻间倒下。

不谋全局者不足谋一域，全球大变局对企业的战略、市场、供应链、合作方式、消费趋势等都有影响。如侯孝海所言："不看清当下的世界大变局，就无法看到企业面临的困难和希望。"

新时代下的高质量发展

从一穷二白、百废待兴，到经济总量超120万亿元、成为世界第二大经济体，过去70多年，中国创造了世界经济史上罕见的发展速度，回望这70多年，中国经济经历了从无到有、从有到多、从多到好的发展进程。

习近平总书记在十九大报告中指出，经过长期努力，中国特色社会主义进入了新时代，这是我国发展新的历史方位。

中国特色社会主义进入了新时代，我国社会主要矛盾已经转化为人民日益增长的美好生活需要和不平衡不充分的发展之间的矛盾。

"不平衡不充分的发展"本身就是发展质量不高的突出表现。破解这个问题，就必须推动经济发展从量的扩张转向质的提升，转变发展方式、优化经济结构、转换增长动力，向形态更高级、分工更复杂、结构更合理的阶段演化。

由高速增长阶段转向高质量发展阶段、从量的扩张转向质的提升，是新时代我国经济发展的重要特征。高质量发展，就是从"有没有"转向"好不好"。除了经济规模和增速，还将质量和效益纳入核心目标，坚持质量第一、效益优先。

高质量发展，就是能够很好满足人民日益增长的美好生活需要的发展，是体现新发展理念的发展，是创新成为第一动力、协调成为内生特点、绿色成为普遍形态、开放成为必由之路、共享成为根本目的的发展。

高质量发展是符合经济发展规律和逻辑的必然选择。这是一种深层次的变化，对各行各业都产生了重要影响。高质量发展有很多内容，对企业也提出了更高要求，涵盖生意模式、产品迭代、盈利方式、员工薪酬、企业盈利、市场价值、运营成本的节约、智能化的制造水平、EHS 管理等方方面面。

2024 年，"新质生产力"成为社会关注的热词。

2023 年 9 月，习近平总书记在黑龙江考察调研时首次提出新质生产力。他指出："要整合科技创新资源，引领发展战略性新兴产业和未来产业，加快形成新质生产力。"

2024 年 3 月，习近平总书记参加十四届全国人大二次会议江苏代表团审议时强调，要牢牢把握高质量发展这个首要任务，因地制宜发展新质生产力。

何为新质生产力？习近平总书记指出，概括地说，新质生产力是创新起主导作用，摆脱传统经济增长方式、生产力发展路径，具有高科技、高效能、高质量特征，符合新发展理念的先进生产力质态。它由技术革命性突破、生产要素创新性配置、产业深度转型升级而催生，以劳动者、劳动资料、劳动对象及其优化组合的跃升为基本内涵，以全要素生产率大幅提升为核心标志，特点是创新，关键在质优，本质是先进生产力。

新质生产力有别于传统生产力，涉及领域新、技术含量高，依靠创新驱动是其中关键。

新质生产力的提出，不仅意味着以科技创新推动产业创新，更体现了以产业升级构筑新竞争优势、赢得发展的主动权。形成新质生产力，要依托科技，依托创新。加快形成新质生产力，关键在于培育新产业。

中国国家创新与发展战略研究会学术委员会常务副主席、重庆市原市长黄奇帆认为，新质生产力由三个"新"构成：

第一，新制造，涉及新能源、新材料、新医药、新的制造装备和新的信息技术五个领域，但要有颠覆性的科技创新；第二，新服务，其重点在于镶嵌在全球产业链、供应链中，对全球产业链具有重大控制性影响的生产性服务业；第三，新业态，培育新业态的核心是推动产业变革，是产业组织的深刻调整，而两大关键推力是全球化、数字化。

总之，以战略性新兴产业和未来产业为代表的新制造，以高附加值生产性服务业为代表的新服务，以及以全球化和数字化为代表的新业态，三者形成的聚合体就是新质生产力。

"十四五"规划和2035年远景目标纲要提出，在类脑智能、量子信息、基因技术、未来网络、深海空天开发、氢能与储能等前沿科技和产业变革领域，组织实施未来产业孵化与加速计划，谋划布局一批未来产业。

需引起注意的是，发展新质生产力并不意味着放弃或者清退传统产业。2024年全国两会期间，习近平总书记在参加江苏代表团审议时强调，发展新质生产力不是要忽视、放弃传统产业，要防止一哄而上、泡沫化，也不要搞一种模式。

传统产业在我国制造业中占比超 80%，是现代化产业体系的基底，也是稳定经济增长、改善民生福祉的主体力量。传统产业是形成新质生产力的基础。不少传统产业经过技术改造成为培育新质生产力的主阵地。

目前传统产业还存在低端产能过剩、高端供给不足、产业基础不牢、创新能力薄弱等诸多问题。要不断利用新技术、新模式改造提升传统产业，让传统产业"老树发新芽"。只有进行深度转型升级，靠技术创新、要素创新等，催生出传统产业的新质生产力，传统产业才能重塑竞争优势。

正如侯孝海所说，传统产业升级、焕新是"当务之急"，新质生产力的培育和发展是"时不我待"。

新质生产力为企业注入澎湃动力，其背后是一批龙头和典型企业在主动求变，以创新驱动高质量发展，立足中国、面向世界，既聚焦当下，又着眼未来。无论是"从 0 到 1"的原创性、颠覆性技术创新，还是稳定、高质、规模化的工业应用，企业每一次的创新突破都是在艰辛探索。

千企竞"质"，向"新"而行。发展新质生产力既是时代的命题，也是企业成长的法宝。

中国已进入产业转型大时代。转型不仅限于一个产业，而是所有产业都要全面转型，产业迭代的复杂性远超以往。过去企业是以规模、以投资推动企业壮大经营和迅速发展，未来企业将从规模经济型发展模式，向规模经济兼质量价值型发展模式转型。

在侯孝海看来，眼下规模经济型的发展仍是企业的命脉和基本盘，夯实基本盘是推动企业发展的重要动力和动能，但高质量建设才是企业发展的未来，"两个都要"和"两个都不放手"是当今企业的必要选择。

科技大变革

我们正站在新技术革命大幕拉开的前夜，这场革命将彻底改变人类未来，任何国家、企业、个人，都不能置身事外，都会为新技术革命的浪潮所冲击。

与之前单项创新驱动的变革不同，这场新技术革命具有多点突破、众领域群发的特征。我们很难选择一个重点技术来代表其特点，因为信息技术、人工智能、航天科技、新能源、生命科学等各领域科技都有重大突破，最终构成了一个全新的世界。

例如，在信息领域，以人工智能、量子信息、移动通信、物联网、区块链为代表的新一代信息技术被加速应用；在生命科学领域，基因编辑、再生医学等孕育新的变革；在能源和资源领域，以清洁高效和可持续为目标的能源技术加速发展，将引发全球能源变革，可再生能源、大规模储能、动力电池、智慧电网等成为重要发展方向，可控核聚变、量子科学、无人驾驶、超高速列车等技术发展，也将在不久的将来直接改善我们的生活……

这场新技术革命的另一大特征是，变革装上了加速器，迭代周期越来越短，各种创新持续涌现。

人类历史上一共发生了四次科技革命：第一次科技革命始于1784年，以詹姆斯·瓦特改良蒸汽机为标志，人类由此进入机械生产的时代；第二次科技革命始于1870年，以美国辛辛那提电力的投入使用为起点，人类进入电气时代；第三次科技革命始于1969年，以美国硅谷第一台可编程计算机的诞生为标志。前三次科技革命大体上每轮间隔100年。

不同学者和专业人士对第四次科技革命的定义持不同观点。世界经济论坛创始人兼执行主席克劳斯·施瓦布将之放在"工业革命"的概念范畴内。他在《第四次工业革命》中提出，我们当前正处在第四次工业革命的开端，第四次工业革命始于20世纪和21世纪之交，是在数字革命基础上发展起来的。他认为，与第三次工业革命不同，数字技术正变得更为精深，一体化程度更高，由此正在引起各国社会和全球经济发生变革。如果以此来定义第四次工业革命，显然这次进程快很多。

尤其是近十年，以云计算、大数据、区块链、元宇宙技术为代表的信息技术不断爆发，技术迭代周期也越来越短。

2010年，云计算风起云涌。2012—2013年，大数据和算法广受关注。2016年后，全球物联网产业快速成熟，2017年进入"规模商用元年"。随着5G慢慢普及，万物互联的智能世界逐渐开启。

2015年，区块链技术成为新的风口。区块链结合共识机制、非对称加密算法、分布式数据存储、P2P网络传输等技术，创造出了一种全新的数据应用模式，被认为是继大型机、个人电脑、互联网之后计算模式的颠覆式创新。2017年以来，区块链技术与实体经济结合逐渐深入，成功应用不断涌现。

2021年，元宇宙爆火，成为数字世界的独立宣言。这一年的3月10日，元宇宙概念股Roblox在美国上市，元宇宙开始进入人们的视野。同年10月，Facebook首席执行官马克·扎克伯格宣布公司改名为Meta，并投资150亿美元扶持元宇宙内容创作，彻底引爆元宇宙。互联网公司纷纷入场，制定元宇宙方面的战略和策略。

2022年11月，美国人工智能研究室OpenAI正式发布对话式人工智能模型ChatGPT 3.0。ChatGPT上线后火爆全球，上线仅仅两个月，活跃用户就破亿了。在2023年一次重大更新后，OpenAI推出了大型多模态模型GPT-4。这一模型不仅能阅读文字，还能识别图像，并生成文本结果等，在文本生产、数据分析、代码编写、图像生成等多模态话语领域均展现出让人惊艳的可靠性、高效性与逻辑性。

在此后不到十八个月的时间里，海外的Google、Facebook，国内的百度、华为、科大讯飞等一线科技巨头纷纷入局，打响了"千模大战"。多模态方向上的技术创新与模型应用场景落地，是中国公司的巨大机会。大模型如何进产业，成为国内创业者与大公司最关心的话题。

科幻小说中经常探讨的话题是：如果我们发明了超越人类大脑的机器大脑，世界将会怎样？智能大爆发的时代是否会出现？我们距离真正的通用人工智能有多远？人工智能将拯救人类还是消灭人类？

多种技术突破正出现乘数效应，如《未来呼啸而来》一书作者彼得·戴曼迪斯和史蒂芬·科特勒所总结的：当某些独立加速发展的技术与其他独立加速发展的技术融合时，奇迹就产生了，例如元宇宙就是集互联网、大数据、云计算、人工智能、区块链以及虚拟现实（VR）、增强现实（AR）等技术于一身的集成创新与融合应用，它的发展离不开虚拟现实等电子信息产业的支撑。

2015年、2019年的政府工作报告先后提出"互联网+"和"智能+"，2024年的政府工作报告首次提出"人工智能+"。"互联网+"曾引领传统产业的转型升级，而在新技术革命背景下，"人工智能+"将推动所有产业进行全方位、深层次的重塑与创新。过去，创造力释放与带宽变化成正比，如今则与算力变化成正比。

对于企业来说，尝试新技术有风险，但无视技术进步是更大的风险。如克劳斯·施瓦布所说，从简单的数字化向更为复杂的创新模式（即以创新的方式综合利用多种技术）转型，这种趋势势不可当。企业必须重新审视经营方式，最核心的是持续不断地创新。

根据他的观察，新技术正在对企业的领导、组织和资源配备方式产生重大影响，这集中体现为标准普尔500指数覆盖的企业的平均寿命越来越短——从60年下降到18年。另一个变化是新企业获得市场支配地位、收入达到较高水平所需的时间越来越短。

这意味着，企业变革速度越来越快，程度越来越深。因此，企业领导者当务之急是审视自身和自己的组织是否有学习和变革能力，创新、决策的速度是否够快，是否拥有包容创新和失败的企业文化。

技术变革与组织变革，从来都相伴而生。例如，火器的普及，在欧洲让步兵取代骑兵成为主角。在冷兵器时代，骑士戴着重重盔甲，手持长矛，凭个人勇武，成为战场上的重要角色。但后来火枪可以击穿骑士的盔甲，普通的农民只要接受几天训练，就可以把不可一世的骑士打下马来。再如，旧式城墙是为冷兵器时代设计的，没有考虑到火炮位置，会因火炮的后坐力及其震动而松动，反而给进攻者留下可乘之机。面对攻击力日益强大的火炮，欧洲各国的筑城术发生了变化，城墙高度降低，厚度增加，并且修筑了直径较大的半圆突出部分和塔楼。

今天的企业家，必须思考如何在技术洗礼下重新设计阵型，如何改造城墙和护城河。

消费新世代

世界永远是新的，与年轻人在一起，就是与未来在一起，关键在于，如何定义"年轻人"。

"Z世代"正成为消费主力。"Z世代"通常指1995年至2009年出生的一代人。当然，对于这一概念，外界亦有不同的划分方法。青山资本从信息媒介、社会事件、成长周期三个维度出发，将"Z世代"定义为1998

年至 2014 年出生的人。

青山资本在《Z世代定义与特征》中对这个群体做出了这样的描述：他们的思维、认知、行为和习惯都有着显著的共性。"Z世代"成长的过程中，经历了 2008 年北京奥运会、新中国成立 60 周年庆和 70 周年庆、移动互联网普及、垂直内容和圈层的崛起、搜索转向推荐、民族团结和文化自信高涨等，这塑造了他们共同的思维方式和行为特征。

"Z世代"是伴随着互联网发展和技术革命出生、成长的一代人。QuestMobile 的《2022 年 Z 世代洞察报告》显示，"Z世代"线上活跃用户规模在 2018—2022 年上涨了 1.29 亿，达 3.42 亿。

当下，"Z世代"正陆续步入社会，未来十到二十年，"Z世代"将成为社会发展最重要的中坚力量。商业新世界是以"Z世代"为主导的世界，他们将成为消费主体、创新主体、社会主体，他们的思想认知、价值观、生活方式、文化理念等将深刻地影响整个社会。

作为移动互联网"原住民"的"Z世代"人群，较"X世代""Y世代"人群有颠覆式改变，他们有一些鲜明特征。

首先，"Z世代"成长在中国经济高速发展的大背景下，物质富裕，他们大多无须忧虑衣食和教育。出生环境相对优越，家庭倾注全部资源培养他们。同时，他们背负了较高的成功压力，时常感到疲惫和无力，焦虑成为他们的常态。压力之下，他们对传统生活态度展开了积极的反抗，进取心与"拒绝内卷"兼容。

"Z世代"是一个矛盾交织的群体，比如他们会"朋克养生""往破洞裤里塞暖宝宝""戴上护膝蹦迪""熬最久的夜，敷最贵的面膜"。他们在金钱观上同样体现出一种矛盾的心态：家境富裕，花钱大方，但由于自己不是财富创造者，花钱的同时又交织着紧张、担忧——他们在消费上的理性与审慎、对价格的极度敏感，就来自于此。

其次，"Z世代"生活在移动互联网时代，从小在手机上玩游戏、获取资讯、社交，在线上高度活跃，几乎"活在手机里"。QuestMobile数据显示，2022年6月，"Z世代"用户月人均使用互联网时长近160小时，月人均单日使用互联网时长为7.2小时，明显高于全网平均时长。移动视频、移动社交及手机游戏，成为"Z世代"群体线上日常生活的主流。

再次，"Z世代"大多受过良好的教育。移动互联网时代知识传播形式的多元化，也让"Z世代"获取知识的途径更加便捷，这对他们的知识体系塑造产生了重要影响。此外，"Z世代"的成长，恰逢中国融入全球化进程，很多"Z世代"能便利地去海外留学、旅行，具有开阔的全球视野。较高的受教育程度使得他们拥有丰富的知识和技能，以及开放多元的价值取向。

最后，"Z世代"成长过程中，中国综合国力快速上升，全球影响力日益增强。神舟载人飞船的升空，2008年北京奥运会、2022年北京冬奥会、2023年杭州亚运会等一系列国际赛事在中国的成功举办，让"Z世代"真切地感受到中国的"复兴"，使得他们拥有更强的文化自信，国家和民族自豪感不断提升。

"Z世代"的消费也因此体现出了截然不同的趋势和特征：

第一，"Z世代"从小生活在消费社会中，且家庭经济条件优越，拥有更高的经济自由度，是有钱花、会花钱、善于享受消费生活的一代人，是天然的消费群体。

在消费观念上，"Z世代"的个人需求和愿望更加突出，"悦己"是重要的消费出发点。艾媒咨询调研数据显示，2022年，近65%的新青年消费者出于"取悦自己"的原因购买兴趣消费产品，43.8%的新青年出于"自我治愈"的原因购物。对于能立刻获得快乐的产品和服务，"Z世代"拥有很大的消费兴趣，比如奶茶、零食、视频会员充值等。

此外,"Z 世代"消费也更加个性化和圈层化。"Z 世代"具有广泛的知识面、开阔的视野和开明的成长环境,兴趣广泛,价值取向也更加多元。他们通过特定的兴趣、爱好寻找志同道合的伙伴,用时尚、前卫的语言逻辑和社交体系建立社群,从而形成圈层,比如古风圈、汉服圈、电竞圈、科技圈等。"Z 世代"也乐于通过消费呈现自己的个性和特有的生活方式。

第二,"Z 世代"的消费更趋于理性。他们务实,在消费上追求性价比,但与传统的"缩衣节食"并不同。他们注重真实、透明,反对不切实际的推销和过分修饰。"Z 世代"的消费决策是建立在充分透明的信息上的,他们看成分、看配料表、看测评等。传统的市场营销、广告和销售技巧在"Z 世代"这里已经逐渐失去作用。

"Z 世代"并不排斥高端消费,关键是消费能符合他们的期待和担当。他们重视产品质量,倾向于选择高品质的商品,也更重视产品的社会价值,喜欢富有社会担当、尊重员工的企业。购买商品前,他们会货比三家。他人推荐,社交信息,个人关系网络中的推荐,以及明星、KOL 的推荐,都会成为他们最重要的消费决策参考。

"Z 世代"有自己的想法,也敢于表达。"Z 世代"喜欢真心尊重他们想法,真正能与他们产生精神共鸣,并与他们互动的品牌。对于喜欢的品牌,他们会乐于成为"自来水",主动成为品牌的推广者。

"Z 世代"热衷国潮消费,偏好国货,这与以往的消费者迥然不同。开阔的眼界,让"Z 世代"不再盲目崇拜国外的品牌、产品,不易对国货产生偏见。较强的民族自豪感、爱国情怀也让他们更热衷国潮。

此外,"Z 世代"还有对美的追求更加强烈、消费偏向健康、对新兴消费接受程度高、更关注体验消费等消费特征,不一而足。

企业要想获得"Z 世代"的青睐,就必须进入他们的世界,以独具魅力、真诚、生动的表达，真实地展示自己，与他们同频共振，在实用价值之外，向他们提供情绪价值。

"黑天鹅"后的复苏期

近年来，全球供应链重塑的步伐加快，消费环境和消费方式被重构，随之而来的是一场消费世界的极速重组。

第一，全球产业链重构对企业提出了新的挑战。近年来，世界范围内供应链均受到不同程度的影响，考虑到供应链断链的风险和交付的不确定性，企业的供应链管理目标从聚焦成本、效率转向兼顾安全、稳定。

如今，全球产业链供应链面临重构，外部环境复杂性和不确定性上升，企业在破除产业链、供应链的卡点和堵点，助力提升产业链、供应链韧性方面任重而道远。

为了保证供应链的韧性与灵活性，强化产业链的抗风险能力，一些跨国公司在产业链布局上开始兼顾多元化与集聚化。前者可以分散风险，减少对单个经济体或少数国外供应商的依赖；后者则可以通过产业链集群降低运输成本，缩短物流时间。

与此同时，由于链主企业产业链变化，供应链企业也出现了"大客户依赖症"。欧菲光曾是"果链"巨头。然而，2020年，苹果剔除了超过34家国内供应商企业，欧菲光位列其中。此后，欧菲光在2020年、2021年、2022年连续3年业绩下滑，遭遇亏损，险些退市。直到2023年9月底，华为Mate 60系列手机的供应链"被曝光"，欧菲光才再次扭亏为盈。

欧菲光的经历给国内的供应链企业敲了一记警钟——过好日子的时候，要有所准备。为应对全球产业链发展新趋势，构建以国内循环为主、国内国际双循环为辅的新发展格局成为提升中国产业链、供应链稳定性和竞争力的必然选择。

事实上，供应链本土化也成为众多企业的选择。以理想汽车为例，其将"本土化"写入供应链策略中。2023年5月，理想汽车CEO李想在微博发文称："我们为大量使用中国本土供应商感到自豪，消费者敢买中国品牌的车，我们就敢大胆地使用中国本土的供应链企业。"

有统计显示，蔚来汽车本土化采购比例高达92%。特斯拉上海超级工厂也已经有着高达95%的零部件本土化率，远超行业平均水准。小米作为全球第三大手机制造厂商，除SoC芯片外，其屏幕、相机、充电IC等绝大多数手机零部件均已实现国产化。

此外，产业链的数字化和绿色化也成为趋势。一批新链主企业崛起，它们分布在新能源、跨境电商、智能制造等新兴赛道或领域，通过资本投资、标准输出、产能改造、共同创新等方式，改变产业链上下游，并与之共同进化。

相比上一代链主企业，新链主企业在组织管理、路径赋能、科研投入、平台模式、系统关系、合规等方面进一步升级，在深度融入产业上游、提升供应链韧性、拓宽边界等方面展现出更多可能。

第二，数字化进程加速。近年来出现了一些新的数字场景，涵盖文化、教育、医疗、体育等各领域，如线上演出和云直播、线上网课、远程医疗、云健身等。通过对企业的调研发现，数字化程度越高的企业受黑天鹅事件冲击的影响越小。数字化转型成为企业应对外部不确定性的关键策略，已成为企业发展的必由之路。采集数据、机器视觉生成数据、管理信息化等构成了数字化转型的关键要素。

恰如比尔·盖茨在2022年7月发表的新书《如何预防下一次大流行》中所下的判断：大流行的早期，许多技术仅仅是"还好"。我们使用它们的方式可能与它们的预期目的不完全一致，并且结果有时也不稳定。而在过去几年里，随着对数字化工具需求的提升，我们看到它们在性能上的巨大改进。随着硬件和软件的不断升级，未来几年数字化工具将会持续稳步增长。

如今，数字化场景并没有退场，而是成了常态。

最直观的是，消费者线上交易比重进一步加大，结构性变化持续凸显。小红书于2023年发布的消费心理研究报告（以下简称"小红书《报告》"）中显示，在有明确消费路径偏好的人群中，线上消费领先线下，且优势突出。

据国家统计局数据，2023年，全国网上零售额154264亿元，比上年增长11%。其中，实物商品网上零售额130174亿元，同比增长8.4%，占社会消费品零售总额比重为27.6%。

第三，今天的消费者对食品安全、身心健康、居住环境的关注度显著提升，这也体现在特定消费品类的调整上。

2023年无糖茶饮走红，就是这一变化的一个注脚。据亿欧智库统计，2023年以来国内消费者有44%以上选择控糖控脂、多吃蔬果与多吃有机食物等健康生活方式，分别有64%和51%的消费者因为无糖茶饮具有健康无糖、健康无添加的属性而选择购买。国内品牌也陆续布局此赛道。

同时，"家"作为消费主场景的潜力获得充分释放。消费者居家时间显著增加，这令其意识到家居环境的重要性。小红书《报告》显示，42%受访者认为，品质生活必须拥有舒适的居住环境。2023年，消费者在家居家装、家电数码等消费品类的支出，较2021年有明显上升。

第四，今天人们对于和社会、世界重新链接的渴望空前强烈。随着经济生活恢复常态，现实世界的流动性增加了。

小红书《报告》显示，用户对美食、出行相关内容的关注度显著提升，关注美食（外出就餐）的用户高达 41%，关注旅行的用户达 28%；在用户愿意消费的领域中，餐饮／食品、旅游出行也稳居前两位。

2023 年以来，淄博烧烤、贵州村超、天津跳水、哈尔滨冰雪大世界、天水麻辣烫……数座城市通过各种方式在互联网出圈走红，掀起一波又一波的文旅热，刷新了用户对传统旅游的认识。"Citywalk"（城市漫步）、"特种兵式旅游"，也成为年轻人的社交新方式。这些现象背后，正是人们对平凡烟火的渴望和珍视。

旧世界成长靠转型，新世界成长靠转基因。结合以上五点，不难发现，企业生存的土壤、增长的逻辑都已经发生了根本性变化。理解这种变化，是在变化之前行动的必要条件。

第 2 章
华润啤酒探路记

商业新世界与旧世界之间，并没有一条清晰的界线。变化总在悄无声息中发生。企业家最先感受到的，往往是突然觉得之前的经验、方法和认知无用武之地。如果此刻归因为执行力不够，依然在没有水的地方努力打井，难免会对大势做出错误判断。

要想以商业新世界为出发点制定战略规划与目标并不容易，可以华润啤酒的探索作为案例进行剖析。

华润啤酒董事会主席侯孝海认为，啤酒的新世界和旧世界，从2014年起已隐约出现分野。这一年，中国啤酒行业产销量规模开始下降，全行业发展模式发生了重大改变。

啤酒旧世界的游戏规则是吨位决定地位，啤酒企业通过兼并整合，进行规模化扩张。进入啤酒新世界，发展逻辑由做大转变为高质量发展，这要求企业进行产品、品牌、企业价值的升级，优化产能，提高劳动生产率，在经营中进行精细化管理。企业发展的目标也调整为：追求有质量发展，追求利润和市值，追求建立品牌价值，以及承担社会责任。

啤酒新旧世界发展模式的变化有以下几个要点：

产能布局上，过去中国啤酒企业在全国各地布局大量工厂，生产大量产品，并短距离运输至各区域市场。这曾被华润啤酒称为"蘑菇战略"。

进入新世界，智能化、集中化、现代化大厂成为趋势，产能追求效率化。这对人才也提出了更高要求，过去是"人多势众"，需要实干型、勤奋型团队，如今啤酒行业也逐渐成为劳动技术型行业，需要更多高技能人才。

产品上，旧世界的产品以经济型啤酒为主。

进入新世界，产品开始走向品质化、高端化。近年来，包括华润啤酒在内的啤酒企业都推出了用料好、浓度高的啤酒，包装也越来越讲究，而且注重美学表达和文化传递。

新世界需要大单品与个性化产品同步发展。啤酒新世界的竞争，是品牌群的竞争，而非单个品牌的竞争。企业未来需要的不是运营一个品牌的能力，而是运营五六个品牌，甚至更多不同个性品牌的能力。

同时，消费者对啤酒消费的价值感、体验感、场景化提出了更高要求，促进人与产品之间互动的场景营销取代了以往简单粗暴的价格战、产品促销。

消费场景上，旧世界啤酒消费场景分布于中餐馆、KTV等场所，如今越来越集中在火锅、烧烤、串串、龙虾餐厅等场所。

在啤酒旧世界，品牌宣传以电视广告、户外路牌等形式为主。如今，触达用户的渠道为小红书、抖音、电商等各类新媒体平台，而且线上与线下要形成闭环。

华润啤酒提出了啤酒新世界，并明确战略目标——"做啤酒新世界的领导者，做白酒新世界的探索者"。侯孝海在内部会议上坚定地说："我们必须与啤酒旧世界说拜拜，不要人在新世界里，思想还活在旧世界。"

为了实现此目标，自2017年以来，华润啤酒进行了艰难而彻底的重塑。

大船转舵　战略制胜

华润啤酒在啤酒新世界的探索，真正的起点是2017年提出"3+3+3"战略。

过去30年，华润啤酒发展迅速，它用十几年时间从一家小型单一工厂发展成为中国啤酒行业巨头，稳坐中国啤酒市场的头把交椅。到20世纪90年代，喜力®、百威、嘉士伯等外资品牌大量进入中国，中国啤酒行业进入上升期，啤酒总产量每年以20%的速度增长。到1995年，中国啤酒产量达1568.6万千升，成为仅次于美国的世界第二大啤酒生产国。

1998年以后，中国啤酒行业进入成熟期，开始向规模化与集团化方向发展，地方中小啤酒企业成为被兼并、收购的对象。华润啤酒借此开始在全国进行大规模的并购。

正如侯孝海所说："进入一个快速发展的行业，是一家企业最好的机会。在一条通畅的高速公路上，任何车都会开得顺一些。"搭上行业高速发展的列车，加上华润集团与外资股东的强力支持、极具竞争意识和战斗力的团队、成功的整合管理，华润啤酒在激烈的市场竞争中脱颖而出，并逐渐坐稳了中国啤酒第一的宝座。

2005年，雪花啤酒成为全国销量第一的啤酒品牌。2013年，华润啤酒突破"双千万千升"（公司销量及雪花啤酒销量），创下中国啤酒销量纪录。2016年，华润啤酒已拥有98家工厂，总销量1172万千升，营业收入287亿元。

快速扩张给华润啤酒带来快速发展的同时，也给未来埋下了隐忧。

从2014年开始，中国啤酒行业整体规模连续下滑，产能远远过剩，分散低效的产能亟须整合。规模下降的同时，产品价格却在提升，消费升级态势明显，市场焦点从主流酒竞争变成产品升级换代竞争。"90后"乃至"Z世代"，逐渐成为啤酒消费主力人群，产品设计、品牌推广、营销互动必须与伴随移动互联网成长起来的新生代相匹配。

根据行业分析，中国啤酒市场规模收缩主要有两方面原因：一是啤酒主流消费人群减少。根据国家统计局数据，中国1970年人口出生率为33.43‰，1990年、2000年这一数字分别降至21.06‰和14.03‰。二是伴随着消费升级，预调酒、葡萄酒以及以威士忌、白兰地为代表的烈酒等替代品销量上升。

2016年3月，侯孝海上任雪花啤酒总经理。同年雪花啤酒内部组织多次研讨会，探讨行业变化与企业的发展。最终得出的结论是，外部环境、行业、市场、消费形势都已发生重大变化，当前确实遇到了一些问题：

工厂多。国外千万千升销量的啤酒企业只有7家工厂，华润啤酒每年销量1100万千升，却有98家工厂，这说明华润啤酒的产能效率已经严重落后。

人员多。华润啤酒有6万多名员工，且人均收入在行业里并不具备明显的竞争力。

华润啤酒主要销量集中在主流和中档价格产品，缺少高端品牌和产品。

整体盈利能力不高。啤酒市场长期的价格战使得企业利润空间小。

与此同时，外部竞争对手却悄然升级。如国际巨头啤酒公司，产能效率高，品牌组合优势明显，组织能力强大。

2016年华润啤酒实现净利润6.29亿元，同比扭亏为盈。但同年营收低于华润啤酒的青岛啤酒当年净利润达到10.43亿元。同年，百威英博在中国销量下降了1.2%，但收入却上升了1.3%。

华润啤酒持续多年承受增收不增利的压力，2018年企业营收高达319亿元，为中国五大啤酒巨头之首，但净利润却不足10亿元，毛利率更是在五大巨头中垫底。

行业老大陷入盈利危机，变革已迫在眉睫。上任不久，侯孝海便在华润啤酒内部表示："变革的市场给华润啤酒留下了短短5年到10年的变革窗口期，当前需要的是断腕式的再造。"他提出发展重心应该由市场份额转向营业利润，"追求利润是公司能力的体现，能实现持续盈利性增长的公司才是好公司"。

由此，华润啤酒重新梳理企业战略，并于2017年提出"3+3+3"战略。

第一个三年（2017—2019年），为有质量增长、转型升级、创新发展阶段，主要体现为"去包袱、强基础、蓄能量"。此阶段主要是去除华润啤酒过往20多年规模式发展历程中所积累的包袱与阻碍，同时也是为企业崛起、重新出发聚集能量的三年。具体措施包括产能优化、关闭低效工厂、优化人员等，为企业卸下包袱的同时，规范业务、重塑品牌、创新营销、牵手喜力®等，夯实未来快速发展的基础。

第二个三年（2020—2022年），是决战高端、质量发展阶段。此阶段主要是"补短板、提质量、增效益"。其中，"补短板"就是补充高端酒业务；"提质量"则涉及营运变革、信息化升级、职业发展、人才规划、财务转型等方方面面，目的是使企业管理水平、经营效率等得到高质量提升；"增效益"即让公司效益再翻一番。

第三个三年（2023—2025年），是高端制胜、卓越发展阶段。这一阶段目标是"赢高端、双对标、做一流"。计划到2025年，国家"十四五"规划结束之际，将华润啤酒做成国际一流啤酒企业。

侯孝海继续对"3+3+3"战略规划目标进行分解：首先，业务从以主流酒和中档酒为主，转变为以中档酒和高档酒为主；其次，华润啤酒要转变为盈利能力较强、市值水平较高的公司，公司市值目标是2025年市值达到2000亿港币，运营效率接近世界一流啤酒企业水平。

至2023年，"3+3+3"战略启动已7年，华润啤酒高端化进程持续加速真正实现了从规模到质量的转变。华润啤酒2023年财报数据显示，企业次高档及以上产品销量达250万千升，同比增长18.9%，占啤酒产品总销量的比例提升至22.4%，较2020年次高档及以上啤酒占总销量的比例提高近10个百分点。

少即是多　组织再造

船大掉头难。行业老大要变革，难度、风险也都是最大的。

侯孝海形容优化产能时说："每关一家厂，管理者、员工都会脱一层皮。"他刚上任雪花啤酒总经理时，就有生产系统领导提醒他，无论做什么都不要关厂。但2017年，他仍坚决关厂，并在后来几年中一口气关了几十家。为什么要冒这么大风险，如此急迫地推动变革？

这是因为，在啤酒行业跑马圈地时代，建厂、并购是扩大规模、提升市场占有率的不二法门。早期，华润啤酒通过"蘑菇战略"与"沿江、沿海中心城市战略"在全国范围内大批量以省为单位进行并购。具体而言，"蘑菇战略"就是在一个区域内先通过收并购或合资等方式建立一个工厂，占领当地份额；然后到150公里外再种一个"蘑菇"，做大做强；当"蘑菇"连接成片之时，就成了一个"巨型蘑菇"。

而随着行业规模见顶，啤酒行业进入存量时代，这个"巨型蘑菇"成了华润啤酒的巨大包袱。2017年，华润啤酒98家工厂中，中小型工厂占大多数，导致产能利用率低、集中度不够、生产成本高、组织臃肿、效益低等一系列问题。

2017年9月，华润啤酒在战略研讨会上提出产能优化项目。在谈到其必要性时，侯孝海列举了一组数字："同样的产量，我们需要90家工厂进行生产，而国际品牌只需要7家……窗口期刚刚开始，我们还有机会，但时不我待。"

同年，华润啤酒启动产能优化项目，以转化产能布局的方式，做大全国基地工厂，做强区域主力工厂，由分散小工厂变为发展大型工厂，以节约成本及提升效率为目标，去除落后、低效产能，关停产能利用率低的小厂、老厂。

组织变革，不是花拳绣腿，每一环节都是真刀真枪，没有足够智慧完不成。一步不慎就前功尽弃，甚至可能引发风险。

侯孝海大刀阔斧地做减法，也得到了华润集团的支持，集团给予了华润啤酒极大的决策空间。公司项目组进行反复研讨，从人员安置、资产处置、法律保障、方案编制、项目跟踪、产能规划等方面，制定了专业指引及操作模板，并持续跟踪项目进展情况，不断优化操作模版。

侯孝海总结了一些经验，如明确战略，并写在纸上、落在文件里，使关厂名正言顺、师出有名；以理服人，达成共识，将改革逻辑、具体问题、翔实数据及时向上级、管理团队、员工、当地政府公开、说明；由一把手承担所有风险；为应对风险，在关厂过程中要提前做好充分准备与研判，还特别成立了上访接待小组、再就业帮扶小组等。

这种变革对领导者的个人领导力提出了极高要求。首先要有决断力，决而不断、当断不断为变革大忌。最初，华润啤酒决定每年关两家工厂，后来在掌握了优化工厂过程中可能存在的问题，通过反思、总结，摸索出一些经验、方法后，公司已有能力加快优化速度。此时公司面临选择，是加码优化工厂，还是继续按原计划进行？侯孝海迅速做出决定，适当加快关厂步伐。到2020年，华润啤酒已关掉30多家工厂。

其次要有沟通能力。做好与管理团队、员工、上级等各方的沟通，先争取管理团队更多人的认同和支持，形成共识。所谓"刀越快，心越善"，在变革中下刀狠、决策快且坚决，更有利于争取组织中部分摇摆不定的人。

最后还要有软硬结合的社交技巧。变革要"外看刚硬，内看柔软"。从外部来看，变革要刚硬，大刀阔斧，一往无前，但从内部看做事要有柔软度，柔软度带来组织弹性、政策弹性。在如何解决利益问题上，软硬结合尤为重要。每个政策的制定，都要有软硬平衡，才能让变革更加平顺。

华润啤酒财报显示，2016—2023 年，公司在中国境内 25 个省级行政区营运啤酒厂数量分别为 98 家、91 家、78 家、74 家、70 家、65 家、63 家、62 家，产能利用率由 2019 年的 55.78% 提高至 2023 年的 58.38%。

除了产能利用率的问题，组织臃肿、人才老化也是显著存在的问题。员工多，成本高，但收入却不具备市场竞争力。

这是企业一路并购留下的问题，华润啤酒每收购一家工厂就多一套员工班子，多成立一家区域公司就多一套管理机构，人员不断增加，最后形成"大金字塔下嵌套无数小金字塔"的局面。

当时华润啤酒延续金字塔型科层制，总部与区域公司设置总经理、副总经理、部门总经理、部门副总经理、助理总经理……从上到下，如同无数串葡萄。这种金字塔架构层级多、管理人员多。到 2018 年，华润啤酒有 17 家区域公司、三层组织架构、1000 多名高层管理人员、上万名中基层管理者、5 万多员工，而年销量仅 1100 多万千升。

组织再造于 2017 年 3 月正式启动，聚焦解决组织架构标准化、业务流程明晰、管理人员精简、基层岗位优化、员工职业发展通道搭建、绩效考核体系健全、薪酬重塑七大组织问题。

2017 年上半年，华润啤酒重塑总部和省级组织，规范各级组织职能、经理人配置标准及职务体系，全部岗位精兵简政。2017 年 12 月开始，重新梳理、明晰关键业务审批流程，到 2019 年 10 月完成了 3905 项流程制度的再造。2020 年 5 月，建立经理人任期、轮岗与绩效考核机制。

这期间，为解决员工队伍庞大、收入持续偏低的问题，华润啤酒于 2018 年 3 月启动了中基层岗位管理与员工职业发展项目，又于 2019 年 7 月启动了薪酬重塑项目。

至 2023 年，华润啤酒彻底重构了过去的管理架构与模式，完成了啤酒业务与白酒业务的分离。最重要的是，将啤酒生产与销售彻底分离，建立从采购到生产、到运营配送、再到销售的专业化组织体系，打破了以省、区域市场为单位的管理模式，形成了一个纵向的中央专业化管理体系，同时横向将供应链全系统打通。

一系列管理制度重新点燃了企业经营活力，组织再造让华润啤酒与竞争对手站在了同一起跑线。造物始于造人，海尔创始人张瑞敏在其著作《永恒的活火》中提到：企业营造什么样的环境，员工就会成为什么样的人。如果要让企业走进新世界，企业中各层级的人都要在新世界这一方向上，"上下同欲"。

减法与加法是阴阳两面。2017年至2021年五年间，华润啤酒营收从297.32亿元增至333.87亿元，增长12%；税前利润从18.16亿元增至62.15亿元，增长242%；2020年与2017年相比，在用工规模下降48%的基础上，人均营收增长104%，人均利润增长240%。甩掉了沉重的包袱，华润啤酒得以轻装上阵，为继续在商业新世界中做加法打好了基础。

品牌重塑　高端之战

在消费升级的大背景下，中国啤酒行业自2010年以来，低端产品份额逐渐被中高端产品侵蚀。欧睿数据显示，2011—2016年，中国高端啤酒销售额增速在20%~35%之间，销量占比从2001年的1.9%提升至2017年的9.2%，低端啤酒销量占比则从2001年的89.1%下降至2017年的71.2%。

在规模发展时代，外资啤酒品牌进入中国市场，由于不熟悉中国啤酒产业的竞争逻辑、模式与消费需求，大多陷入本土化不力的困境。但从

2014年开始,外资品牌越战越勇,爆发出强大后劲。相比于中国啤酒品牌,外资品牌产能效率高,品牌组合优势明显,百年品牌价值和产品优势越来越凸显。

2008年,英博啤酒集团收购百威啤酒东家——美国啤酒企业安海斯—布希公司,世界第一大啤酒集团百威英博从此诞生。恰在此时,中国啤酒产业大规模转型也初见端倪。但因为过去数十年企业规模发展带来的市场滞后性,中国啤酒行业到2014年才真正感受到"销量下滑之痛"。

百威英博成立后,迅速整合品牌,推动产品结构升级,于中国发力高档酒市场。2011—2014年,百威英博在中国市场的销量从72万千升上升至154万千升,复合增速高达29%。期间百威品牌在中国高端酒的市占率从37%提升至57%,一举奠定了高档啤酒细分市场龙头地位。

"2008年到2010年,公司保持高单位数的销量增长,至2013年实现'双千万千升'(公司销量及雪花啤酒销量)后,华润啤酒的增速已明显放缓。"侯孝海反思,只有高端化,才能实现高质量发展。不过,俯冲容易,仰攻很难,高端化之路上无数英雄竞折腰。华润啤酒是否能做、会做高端品牌?外界对其高端化能力的质疑一直都存在。

2008年,雪花啤酒成为全球单品类销量第一的啤酒品牌,之后十年间,品牌提升始终是其一个"坎儿"。2017年8月,侯孝海在于上海召开的华润啤酒市场营销会议上第一次提出品牌重塑,并指出,这将是华润啤酒当年启动的最重要且排在第一位的战略项目,也是华润啤酒在新竞争环境下转型升级发展的必然要求。

此次会议上,侯孝海坦言华润啤酒品牌"状况不乐观"。他认为,华润啤酒品牌形象不突出、不独特、价值感不强。几支核心产品中,雪花纯生啤酒在销售中的品牌推动力还不够强,在竞争中没有优势。除勇闯天涯啤酒外,其他产品在销售上都未形成很强的品牌溢价能力,销售增长主要依靠对渠道和终端的控制。

同时，在快速粗放式增长中，华润啤酒的产品从设计到上市还有很多缺陷，未形成完整的、高效的跨总部和区域、跨部门的协同机制，生产、设计和销售部门尚未形成联动机制，还处于割裂的状态，系统能力、组织能力、人员能力都需要提升。

"如果我们未来需要数个高档以上的'啤震天'，不启动品牌重塑，不立志把高档以上的核心大产品做成爆品，我们不会有美好的未来。"侯孝海说。

2017年6月，品牌重塑项目启动，华润啤酒重塑雪花品牌精神谱系，建立了"顶部传承、中部创新、底部品质"的金字塔式完整品牌结构，并推出一系列产品。

"顶部传承"包括"中国之形"的脸谱系列（花脸、花旦），"中国之味"的匠心营造啤酒，以及"中国之魂"、华润啤酒超高端啤酒品牌醴等产品品牌。这些品牌或以中国古建筑文化，或以京剧脸谱文化，或以中国五六千年前的啤酒酿造文化为内涵，来传递传统美学。

中部品牌表达的是新时代中国开放、活跃的精神，代表着年轻人走向世界舞台的创新能力，包括勇闯天涯superX、马尔斯绿、雪花纯生等，其定位分别是"中国之酷""中国之潮"和"中国之纯"，传递年轻人酷炫、潮流、纯正的精神内涵。

底部主流品牌则以品质为先。

顶部和中部品牌均代表了华润啤酒在高端品牌方面的布局。

除了自建高端品牌与产品结构外，并购喜力®中国业务，更是华润啤酒高端化探索的点睛之笔。

自己培育高端品牌，优势是对品牌拥有绝对的主动权和决定权，但时间长、投资大、效率低。在充分竞争的市场环境下，华润啤酒不能也不敢把所有的砝码都压在自建品牌上。由此，同步引进国际高端啤酒品牌，成为华润啤酒高端化战略的重要布局。

华润啤酒看上了喜力®品牌。喜力®集团作为世界第二大啤酒酿造集团，历史悠久，且全球知名，拥有良好的全球高端形象和市场。20世纪90年代，喜力®集团就开始布局中国市场，并积累了一定的高端品牌形象和消费人群。

2017年，华润啤酒向喜力®集团抛出橄榄枝。经过长达近两年的谈判、数轮的博弈与磋商，这场世纪联姻终于在2019年完成。这场并购引起行业轰动，外界评价这是"很少见的成功大交易"。但市场亦有诸多质疑，曾有人断言："即使拿下世界第二大啤酒酿造集团喜力®的中国业务，华润啤酒在高端领域也难有突破。"

不可否认，高端酒曾是华润啤酒的短板。如何做高端酒，成为其迫切需要解决的问题。

侯孝海认为，高端酒是一个系统工程，首先要完整地构建一个做高端酒的框架、系统。因此，首先要建立高端化的理论体系，即通过实践萃取其独特的、有竞争能力的、差异化的高端营销与高端管理理论。

从2019年5月接手喜力®中国业务到2020年春节前，华润啤酒完成的第一件事，就是构建决战高端的方法论。2020年伊始，华润啤酒正式提出指导高端决战的方法论"五点一线"。

"五点"，指人、产品、客户、制高点、渠道营销。"五点"互为基础、缺一不可，且有完整逻辑和先后顺序。

"五点"中的人，即高端专业人才队伍。

产品，指"4+4"产品组合，也就是由勇闯天涯superX、马尔斯绿、匠心营造、脸谱系列组成的四大中国品牌，及喜力®、红爵、苏尔、悠世组成的四大国际品牌。

有了能人与利器，还需要有能力强、资源多的大客户与优秀客户，否则再好的武器也进不了高端场所，无法站稳脚跟。

制高点即高档消费人群的消费场所，这是高档酒销售的主要阵地，更是品牌展示和宣传的核心舞台，只有抓住制高点这个"牛鼻子"才能抓住一切。

渠道营销，即开展店内品牌活动、消费者与产品互动体验、关键人交流等，目的是在店内实现人与产品的亲密接触，实现消费场景的呈现和升华。没有场景营销，缺乏产品与消费者的沟通交流，就无法获得良好的消费反馈，成为消费者真正喜爱的品牌。

在侯孝海看来，打穿"五点"成"一线"，就是打通了华润啤酒高端产品触达消费者的通道，打破华润啤酒做高端的层层障碍。

自华润啤酒成立，公司便一直流传着"打起背包就出发"的企业文化。2020年，消费市场遭受严重冲击之时，侯孝海毅然选择"打起背包就出发"，半年内去了100多个城市，"走终端、走客户、走街上的小店，洞察市场发展的趋势，发掘市场尚存的问题"，之后再与各个区域营销中心座谈、研讨，最终形成高端策略"二十五条"。在这套作战方法的指导下，华润啤酒开始逐步搭建起自己独有的高端产品营销和管理体系，高端产品的年销量从2017年的五六十万千升增长到了如今的250万千升。

发展是解答一切质疑的最好方法，2023年是华润啤酒与喜力®集团携手合作的第一个五年，喜力®中国的业绩体现了华润啤酒在操作高端国际品牌方面的能力。

接手喜力®中国五年，华润啤酒于2023年完成了销量60万千升的目标，并将喜力®中国做到了喜力®全球第二大市场。侯孝海对喜力®寄予厚望："继雪花纯生后，未来第二支百万千升销量潜力品牌就是喜力®，希望未来通过2~3年的努力实现喜力®销量的翻倍增长。"

数字转型　链路打通

华润啤酒的变革，恰好与数字化浪潮重叠。如果没有技术进行支撑，彻底的转型就无法达成，数字化转型为其进入高端市场提供了新动能。

2017年，华润啤酒内部讨论战略变革规划时，谈到了一个问题——信息化水平制约了公司发展。之后，他们花了约9个月时间，进行集中讨论与规划。2019年年底，公司开始启动信息化升级，进行顶层设计，规划具体项目。

最后，华润啤酒明确了平台赋能、数据驱动、智慧运营三年建设总目标，以"五化三集中、一核四平台"为转型框架，全面推进数字化战略落地。

其中"五化"指的是供应协同化、生产智能化、渠道可视化、终端精益化以及营销数字化。

供应协同化，指华润啤酒与供应商、承运商以及上游合作伙伴在计划、物流、生产能力等各方面高效协同。

生产智能化，主要涉及工厂发展方向。截至2023年年底，华润啤酒有62家工厂，每家单厂规模都很庞大。这些工厂被分为基地工厂、主力工厂、特色工厂，所覆盖区域、生产产品不同，但都有一个共同方向，即极大提高生产效率和柔性能力，迈向智能工厂、熄灯工厂。

渠道可视化，是为了解决资源的高效配置难题，将华润啤酒的产品组合、价格营销策略、营销政策合理配置到经销商和终端。在华润啤酒智能与数字化总监郭华看来，华润啤酒是一家典型的深度分销公司，有几万家经销商，在册终端数量达500多万，覆盖数亿消费者。如果渠道链条完全是混沌的，企业只知道从仓库中出了多少产品和产品的流向，却不知道产品流速及细分流量,那就意味着公司对下游的供应链是失控的。资源配置不合理,会导致销售费用使用、营销政策和投放不精准,产品交付和资金周转相对低效等问题。渠道可视化解决的正是这系列问题。

终端精益化,指需要精细化经营终端销售。不能为了拉动销售,用牺牲价格、牺牲利润的方式进行销售,而是要用合理的成本与资源,尽可能取得利益最大化。

营销数字化,指通过数字化精准地进行资源投放,来触达目标客户。

"三集中",即管理集中、信息集中、操作集中。"三集中"是为了用更少的人和用数字化的工具来解决事务性的工作,把人的精力释放出来,去做一些比较难而复杂的事情。比如"职能共享"就是一个"三集中"的举措,近几年华润啤酒大力推进人力资源的共享、财务的共享,还有业务如订单和客服的共享。

"一核四平台"中的"一核",即企业运营要围绕消费者,以消费者为核心。此处的消费者定义更为广泛,既包括渠道客户和用户,又包括真正意义上的终端消费者。

要完成上述诉求和要求,需要四个平台去支持,包括技术平台、业务平台、治理平台和数据平台。

在此大框架的指导下,华润啤酒的数字化变革正一步步推进。

早在2018年,华润啤酒已建成国内首条"一罐双码"啤酒全产业链追溯及数字营销工程,实现数据采集、消费者洞察、精准营销三大目标,解决酒企营销难题。

在生产方面,华润啤酒着手打造智能化试点标杆工厂。例如,华润啤酒以工业互联网和SCADA系统(数据采集与监视控制系统)为基础,通过集成或内化工厂应用系统,于2022年在蚌埠工厂实现生产智能信息系统布局,使工厂具备供应协同和营销协同的快速反应能力,并逐步形成雪花啤酒的智能制造标准方案。

2022 年，为解决供应协同问题，华润啤酒以 SRM（供应商关系管理）+CMS（合同管理系统）为核心，打通各系统信息孤岛，推进供应协同平台建设，实现采购需求、寻源、招标、合同、订单执行、发票、支付、对账、评价全业务流程线上化，提升集采与商城采购业务水平。

2021 年，华润啤酒推进渠道数字化和全渠道精准费用管理工作，实现全国 32 家营销中心线上化，推进近 3 万家经销商、300 余万个协议终端业务线上化管理。

近两年，华润啤酒力推财务信息系统建设，实现财务共享业务覆盖全国，将财务报销与入账时效从项目前的约 22 天提升至 5.7 天。

在完成生产、供应、营销、财务共享等数字化系统搭建后，华润啤酒将各个数字模块打通与链接起来，真正将数据用起来，为企业决策提供有效的数据支持，从而赋能核心业务与企业发展。

知行合一　文化重塑

变革看起来无形无质，但阻力最大的部分是文化。在《火线领导：驾驭变革风险》一书中，两位作者开篇就点破：人们并不是抵制改变，实质上，他们是抵制受损。

接下来，书中对变革中的文化难题有一段精彩的论述：

"在适应性过程之初，人们看不出新情况会比现有状况有任何好转，却能够清晰地看到潜在的损失。生活中，如果能够延迟改变的进程，或者能把负担转嫁给他人，又或者能向他人求助，人们便会频繁地避免做出各种痛苦的调整。而当恐惧和愤怒情绪高涨时，他们会寻找权威答复，同时变得不顾一切。这种动态状况使得适应性情境的内部危机四伏……事实上，风险与适应性改变具有一定的关联：改变越深入，所需要学习的新东西便越多，因而人们的抵制情绪会越强，那么领导者面临的危险度也就越高。正是出于这一原因，人们常会有意识或无意识地避开险境，把适应性挑战当作技术性挑战来处理。这也是我们在社会生活中所见的常规管理比领导管理多得多的原因……面对适应性改变带来的压力时，人们不想面对问题，只想寻求答案，也不愿意别人告诉他们必须承受损失；相反，他们希望知道，你将如何保护他们免受变化之苦。当然，你想要满足他们的需要和期许，而不愿一味忍受'坏消息'带给他们的失望或怒火。"

如何建立面向新世界的组织文化？这是一个重要课题。

作为头部传统企业，推动彻底的变革，需要无数次碰撞和冲击。在此过程中，组织中势必有成员思想和行为无法跟上变化，必然存在犹豫、纠结、退缩。

侯孝海提出势能论和啤酒新世界理论，正是为了解决内部思想问题。它从理论上、逻辑上论证了华润啤酒变革的正确性、必要性、紧迫性，从大方向上提供了指引，使内部组织、团队凝心聚力。

战略决定组织，组织决定文化，文化支持战略和组织。华润啤酒从一个单一的工厂走向几十家工厂，从东北起步走向全国，从一个小品牌走向全球单品销量领先的知名品牌，优秀企业文化是推动华润啤酒取得胜利的最重要内部推动因素。

和君咨询集团董事长王明夫认为华润啤酒的企业文化有以下几个独特之处：

接地气，没有空话。华润啤酒的文化有着鲜明的"从实践中来，到实践中去"的特点。比如，"五湖四海"文化，就是在过去发展中，通过大量整合并购形成的一种包容文化。再比如，"打起背包就出发"的文化，形象地体现了华润啤酒人长期以来异地作战的工作经历,这也是一种强大的执行力文化,不讲条件、不讲特殊,一切行动听指挥。

具有极强的辩证思想风格,如"学习与反思文化""业绩文化""从业务中来,到业务中去"等。

与伟大目标一起与时俱进。

遗憾的是,这些宝贵文化此前并未被系统整理过,且没有清晰地向员工输出,并融入华润啤酒的业务和员工行为中,只有"文化碎片"。侯孝海在2018年企业文化重塑项目启动暨研讨会上,坦言华润啤酒的文化尚存在不少问题:文化散落在各个组织、地区、个人心中,缺乏一个系统文化;文化落地风险大,换了区域总经理,一个区域的文化也随之更换;好文化没有固化下来。

进入商业新世界,这些"文化碎片"显然无力支撑华润啤酒新战略的实现。侯孝海直言,"一个没有文化的队伍是打不了胜仗的",华润啤酒必须重塑企业文化。

如何重塑企业文化?侯孝海认为,文化不是一把手文化,而是组织文化、员工文化。一把手的个性可以赋予文化重要的基因,但文化更多的是企业发展和组织长期积淀形成的,是群体智慧的结晶,企业文化应由事业驱动,与公司未来发展相联系。

文化不是贴在墙上的纸,需要"五个扎根":

1. 扎根在战略中。企业文化必须是支持战略、组织的文化。

2. 扎根在规章制度中,如用人制度、选人制度、评价制度、客户制度等。例如,一家奉行"客户至上"的公司,一定会有合理的客户制度,在最短时间内赔偿客户损失。

3. 扎根在每个岗位上。企业文化为每个岗位提供指引和评价标准。

4. 扎根在空气里。文化要可视化,公司文化墙、LOGO、展架、短片、员工工装和笑脸,都是文化。

5. 扎根在故事中。文化要有故事、有形象。企业文化蕴含在员工故事中,扎根在企业发展历史和血液中。

没有灵魂的队伍无法打胜仗。"灵魂"就是文化,是一支队伍的精气神,是一种向上的力量,是一个团队展现出来的风气面貌。正如侯孝海所说,进入啤酒新世界,企业面临的将是更复杂和激烈的竞争。而重塑企业文化,就是要打造一支有灵魂的队伍,去争取更大的胜利。

2018年10月18日,立足华润啤酒未来发展战略,结合华润啤酒团队特点的文化体系,在江苏无锡正式发布。这一文化体系以"每一个人都不简单,每一瓶酒才放光彩"为核心精神,明确了华润啤酒的使命、愿景及华润啤酒人在员工价值、组织氛围、经营理念中应秉持的价值观。自此,华润啤酒的企业文化建设开启了新篇章。

之后,公司又制定了全新的企业文化视觉识别系统,完成了文化环境的改造工作,让遍布于全国的业务单元拥有了统一的文化形象。

公司还有了鲜明的形象:"雪娃"——他的性格勇敢、积极、充满生命张力。

华润啤酒内刊发文《雪花之路》,第一次系统而深入地梳理华润啤酒的发展脉络,并开通《雪花故事》系列栏目,记录华润啤酒人的勤奋、专业和成长。

以数年之功,文化终于成了华润啤酒在新世界的基石。

第二部分
思想激荡

华润啤酒董事会主席侯孝海先生提出的商业新世界理论，不仅适用于啤酒行业或者消费品赛道，而且对于百行千业都具有普适性。当商业世界出现新旧的划分，企业家便无法再用旧世界的规则和战略解决新世界的问题，也不能用旧世界的思维和认识看待新世界出现的矛盾，更不能用旧世界的方法解决新世界的问题。唯有清楚地认识新世界、了解新世界，才能积极拥抱新世界，并主动在新世界中寻找机会。

虽然侯孝海是新世界理论的提出者，但我们更愿意将新世界视为一个开放性系统，希望各界卓越人士共同加入对这个话题的探索，以此捕捉新世界的关键要素，成为新世界的中坚力量。

因此，第3~12章收录了《中国企业家》杂志社副总编辑何伊凡，华润啤酒董事会主席侯孝海，与十位不同领域的著名企业家和知名人士对商业新世界的深入探讨。这些讨论从领导力、产品、科技、美学、资本、文化、创新、品牌、愿景、用户等不同侧面，来深入拆解商业新世界。

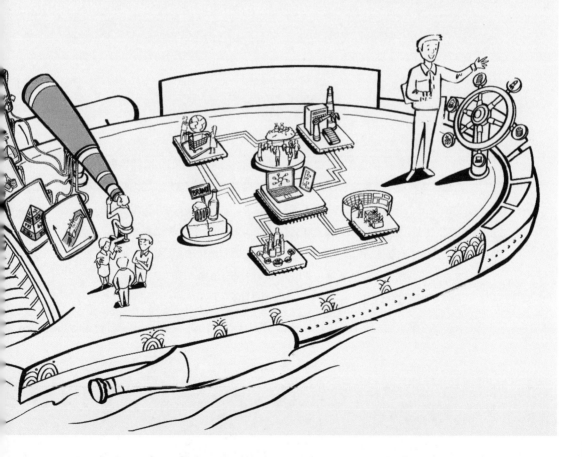

第 3 章
新世界之变革领导力：变革之痛

——华润啤酒侯孝海对话燕京啤酒耿超

对话人
耿 超

　　耿超是燕京啤酒集团党委书记、董事长。他笑称，自 2020 年年底赴任燕京啤酒集团董事长以来，"就没再安稳睡过一个好觉"，因为他面对的是一个"机制不活，市场下滑"的企业。2021 年 1 月，耿超提出"二次创业、复兴燕京"，聚焦年轻化、高端化转型。三年多以来，燕京啤酒业绩一路看涨，2023 年前三季度，燕京啤酒净利润大涨四成。但耿超依然无法松懈，在他看来，业绩增长快的原因是基数小，燕京啤酒还有很多问题等待解决，有一个又一个关口要闯。

精彩观点

- 啤酒新世界里最突出的能力，就是能不能变革、敢不敢变革。
- 变革要考虑条件具不具备的问题。事实上现实不可能具备所有条件，那就具备多少干多少，缺少条件就创造条件。
- 很多时候变革失败的原因就在于不够决断。决而不断、当断不断，是变革大忌。
- 很多工作不是非黑即白的，也没有完全正确或无风险的决策，这就考验我们这个班子、团队，不但要正确解决问题，还要能快速解决问题。
- 做减法一定要有效、有获得感，专减那些减完最能产生价值的部分。
- 变革要"外看刚硬，内看柔软"。从外部来看，变革要刚硬，大刀阔斧，一往无前，但从内部看做事要有柔软度，柔软度带来组织弹性、政策弹性。
- 要有变革的容错空间。在变革中不可能事事成功，如果要求事事成功，谁敢变革？要给变革者更加宽容的空间和良好的土壤。

"等不起了"

何伊凡： 我们今天探讨的主题是"商业新世界，共话创新大话题"。新世界是理解当前复杂商业环境的一个基本逻辑，先请两位说一说对商业新世界的理解。

侯孝海： 我当时提出新世界，是因为我认为整个啤酒行业环境发生了巨大改变。

中国啤酒行业在快速发展了二三十年后，开始走向高质量发展的新时代，啤酒的消费人群、场景、方式都发生了根本性的改变。比如，现在"00后"逐渐变成主力消费人群，而且品牌传播、产品开发、科技创新方面都发生了很大变化，对行业影响深远。

因此，我们用"新世界"这个词来形容当前啤酒行业面临的新环境、新的商业和发展模式、新的改革方向。在新世界，我们要用新世界的思维做新世界的事。

何伊凡： 啤酒新世界和啤酒旧世界差别很大，对于企业领导者而言，最大的挑战是领导力。啤酒新世界和旧世界所需要的领导力有什么不一样？

耿　超： 我结合燕京啤酒的发展谈一下。燕京啤酒的发展经历了从1.0到2.0的阶段。过去40多年的发展中，燕京啤酒没有系统、彻底地变革过，机制较为僵化，导致的结果是：市场下跌、企业业绩不佳、大家信心受挫。怎么办？

首先要迅速改变面貌，因为大家等不起了。要解决一些短平快的问题，但同时要谋长远。把当前问题解决好，把中期、长期的问题布局好，步步为营，以增长为检验的主要标尺，核心是要坚定从1.0到2.0，或者说从商业旧世界向新世界变革的勇气。对我们来说，解决问题，带领企业迅速改变面貌，是最重要的一件事。

侯孝海： 商业新世界的领导力和商业旧世界的区别很大。

2014年左右，中国啤酒行业规模开始收缩，行业进入高质量发展阶段。在这之前，啤酒企业都在冲规模，为了做大规模，建设工厂，向全国扩张，做全国性的品牌。产品主要是主流啤酒或经济型啤酒。这都是啤酒旧世界做的事情。

今天，啤酒产业已经发生变化，对企业的生产效率、产能布局、产品升级、品牌价值都提出了更高要求，否则你不可能在竞争中取胜。

为什么耿书记说等不起了？因为啤酒产业是一个完全开放的市场，你不变、别人会变，你变得慢、别人快，你在竞争中就会处于劣势。长此以往，你就追赶不上了。形势逼人改变。一旦迈入啤酒新世界的大门，你就会认识到，企业急切需要变革。

所以，能否洞察行业、商业环境的巨变，洞察产业发展逻辑的变化，进而带动组织变革，这对企业领导者而言，是一个极大的考验。啤酒新世界里最突出的能力，就是能不能变革、敢不敢变革。

何伊凡： 两位提到了一个关键词"等不起"。这背后的背景是，变革的时间不是由你自己决定的，是由环境决定的。

耿　超： 侯总提到2014年。2014年正是各企业做"十三五"规划的时间节点。2013年，燕京啤酒的销量约560万千升，但"十三五"

最后一年我们只实现了300多万千升的销量，销量不但没有增长，还更少了。这说明我们对行业的判断出现了问题。

如果更早地拥有开阔的视野、开放的学习心态，对行业做出准确的洞察和预见，我们可能会转变策略。事实上，行业早已变了，而我们的变革慢了。

侯孝海：2014年，中国啤酒产销量开始下降，其中下降最大的是经济型啤酒。过去企业的商业模式，主要是按照规模增长来设计的。未来，如果继续沿着这个模式发展，不仅规模无法增长，还会大幅衰减。行业向上增长的力量，是价值，是高档啤酒、品质型啤酒的效益。如果不以这样的思维去布局战略，企业就无法再增长。

耿　超：如果继续沿着过去规模增长的模式，可能还会在产能布局上匹配更多的投资，这个投资是多余的、无效的。一增一减，企业还要承受双重压力。

侯孝海：不能准确评判战略，或战略延误，带来的后果不仅是某方面的问题，而是系统性的问题。如果继续追求规模发展，企业会建更多工厂、增加更多规模，这些规模的产能布局方向都是瓶装酒和中低端酒，负担反而更重。

耿　超：当你想解决这些问题时，你会发现，问题是双倍的。

何伊凡：所以它并不是一个错误，而是一连串错误。当你对形势产生了错误判断，就一定会定下一个错误的目标，沿着这个目标做错误的投入，最终所有错误叠加，造成产能越来越过剩。

侯孝海：为什么要提出啤酒新世界？我们发现，过去二三十年，中国啤酒行业都是按照一个传统逻辑在发展，当行业的整体趋势、发展模式、增长逻辑发生变化时，很多啤酒企业的意识、认知比行业变化慢半拍，甚至慢两拍。如何能够准确研判行业发展大势，让自身企业战略与行业发展趋势、国家发展战略匹配，这是一个重要挑战。

何伊凡： 两位都提到了 2014 年，后来你们都发现行业发生了变化，但人在局中时是很难看出这些变化的。两位是从什么时候察觉到可能出了问题？

耿　超： 这对企业家的核心考验，就是预见力、洞察力。如果肉眼可见的信号都出现了，我们再做应对，肯定晚了。我们要解决的，就是洞察力问题，要透过现象看本质，不畏浮云遮望眼，要能预见未来，并对组织体系、产品、市场做相应的布局。洞察，是通过现状等综合判断分析而来的，当然有一定的风险，但这是企业家的基本能力。

侯孝海： 我意识到不对，是在雪花啤酒的发展遇到瓶颈的时候。过去 20 多年，雪花啤酒一直快速发展，规模不断增长。但到 2013 年，雪花啤酒的发展开始平缓下来，这是一个重要信号。

而行业中有一家企业增长非常快，这家企业就是百威英博。在中国市场，百威英博以前一直比不上雪花啤酒和青岛啤酒，为什么现在会有如此快速的增长？第一，百威英博有好品牌，该品牌的增长速度远远超过我们；第二，好品牌带动了其他中档品牌，使得其他品牌也得以实现全国性的发展。显然，百威英博所做的事正符合行业发展趋势。

同时，行业还出现了奇怪现象：有些企业开始关闭工厂了。最初，我们并不理解，以为是经营不善，但它们持续在关厂。我们意识到，它们一定出现了战略变化，在变革。

再看国际啤酒产业的发展历史，它们也曾从快马加鞭并购式整合转向品质化发展。

我们就觉察到，中国市场已经开始发生变化，追求"量"的时代可能已到头，"质"的时代开始了。所以，2012年开始，我们就认为，战略需要调整。

做有效的减法

何伊凡： 华润啤酒和燕京啤酒都在企业内部进行变革，侯总说"刀尖向内"，耿书记提出"二次创业"，这几个字听起来简单，但背后一定会牵扯到方方面面。请两位分享一下：这变革背后，你们都经历了什么痛苦？

耿　超： 2020年年底，我到燕京啤酒集团的时候，压力很大。在整个"十三五"期间，燕京啤酒每年的销售收入在111亿元上下波动，波动幅度在1亿元到2亿元之间。我在内部讲，销售收入曲线就跟拔管后的心电图一样，一条横线。无论是外界，还是内部，对企业的发展现状都不满意。

变革很痛苦，也很难。变革要求企业内部思想不能僵化，要求队伍有学习能力、适应能力、解决问题的能力。变革过程中，始终会有不同的声音，但也得硬着头皮上。

有些事情虽然不能着急，但又等不起。经过我们长期的思考和研究，最后提出"慢慢来，找对路，别再犯错误"。我们抓住几个主要问题优先解决，让大家能够看到组织效能的焕发，改善经营效益。

我们很坚定，只要一步一步推动变革，就能够实现阶段性目标。大家也会越来越坚定变革的决心和信心。

侯孝海： 我们在2017年开始大面积变革，当时华润啤酒面临的形势很严峻：第一，我们有98家工厂、近6万名员工，过剩产能约500万千升。不仅需要减掉几百万千升产能，还要再建几百万千升产能，因为整个产能方向要从瓶装向罐装发展。当时我们有很多小厂，压力非常大。

第二，由于过去多年一路并购和整合发展，员工队伍庞大，年龄也逐渐老化，员工收入、技能、士气都不高。

第三，也是最大的问题，来自市场。雪花啤酒过去以主流酒为主要业务，后来发展出中档酒勇闯天涯，但没有做过高档酒，也没有高档属性。当时，市场上增长最迅速的正是高档酒。而做高档品牌和高档酒的能力不是一蹴而就的。

我们只能通过变革来实现蝶变，最痛苦的问题是存量大，因此阻力和难度更大，涉及面更广，风险也更大。

但我们还是一往无前地去做，把改革方方面面的条件创造出来，将整个公司引入变革的道路。通过积极指挥和团队的共同努力，把改革难题一个个解决掉，这样公司就慢慢开始走向健康发展的道路。

何伊凡： 变革当中最难的部分，就是做加法和做减法，做减法有时候比做加法更痛苦。两位都做了什么加减法？在这过程中，遇到了哪些问题？

耿 超： 减法不好做。我来燕京啤酒时，正值困难时期，在这个时候做变革，面临的困难、阻力更大。但我又不能等时机更好的时候去变革，等不了。这是我面临的最大问题。

在燕京啤酒做减法，更多体现在组织体系焕新上。过去，我们的组织体系很庞大，包括高管队伍也是如此。举个例子，我刚来时，燕京啤酒上市公司共 15 名董事，现在只有 7 名。过去，分公司高管有七八个，副厂长一堆；现在实行"1+X"制，目标是只有 1 名高管，销量超过 30 万千升的情况下是"1+1"，超过 50 万千升就是"1+2"。我们也关停了一些产能落后的工厂，或者并厂。关停一些工厂后，效率更高了。

变革要考虑条件具不具备的问题。事实上现实不可能具备所有条件，那就具备多少干多少，缺少条件就创造条件。这几年，接受变革、支持变革的人也越来越多。

侯孝海：对我们体量这么庞大的企业而言，做减法一定要有效、有获得感，否则风险很大，甚至可能前功尽弃。所以我们在几个方面做了减法：

一是减工厂。把 90 多家工厂减到 60 多家，这使得每个啤酒厂产线配置更科学、更符合市场需求，同时合理布局，从而带来了产能效率的提升、成本的下降。表面上看，关工厂产生了一些减值，实际上带来了更大的效益和收获。

二是减人员。我们有近 6 万名员工，需要通过合理、人性化的政策，对员工进行安置，让公司员工队伍越来越年轻、技能越来越强、效率越来越高。我们有约一半的员工被安置，员工队伍大面积精简。精简后，员工收入得到了提升，改革的获得感更强。

在做减法方面，我们做得坚决，而且要专减那些减完最能产生价值的部分，因为减一些没用的，无法从根本上改变公司的状况。时间不等人，必须尽快把我们最核心的大包袱、大问题解决掉。

我们还要做加法，不甩掉包袱，做加法很难。要知道，做加法需要更长时间。比如，做高档品牌喜力®、做数字化等，都不是一朝一夕就可以完成的，需要三五年，甚至更长时间。相对而言，做减法，通过攻坚战，花一年到两年，最多三年时间，就可以使公司基本面发生巨大改变。且这种改变为公司建立了新生力量，也让股东、员工和上级组织看到了变革的希望。

做减法唯一的问题，就是风险太大。杀出一条血路，可能会冲过去，也有可能会倒在半路。但只要冲出去，你就赢了，即使倒在半路，我想还会有后来人继续杀出条血路，因为除此之外，别无选择。

做减法的力度为什么会这么大？因为我们的体量太大，带来的包袱也更大。雪花啤酒过去虽然在国内行业中规模最大，但质量并不高，盈利能力也没有那么强。巨大的包袱甚至会把那些盈利全部"吃"掉，还会造成臃肿、效率低等一系列问题。这很危险。

何伊凡： 两位有没有焦虑到睡不着觉的时候？

耿　超： 这太正常了。我进入啤酒行业才几年，需要学习的东西很多，需要解决的问题也很多，又想尽快改变一些东西，肯定会焦虑、睡不着。

但我的目标是，将来让我们的队伍、"战斗"队员都睡不着，让压力与责任同在。如果只有我焦虑到睡不着，这个企业也不会发展好。

侯孝海： 企业变革力度大，变革会产生无形的压力，尽管我认为变革是对的，但也不得不面对失败的风险、他人的不理解，做好失败的准备。变革那几年我经常失眠，压力很大。

但即使自身压力大，对外仍然要坚定，咬住牙，要乐观、充满信心。作为一把手，如果你在变革中都被压垮了，组织和团队的信心从哪里来？

耿　超： 其实我刚来燕京啤酒时，一开会，企业内部的人都觉得我有点儿着急。他们觉得，你应该再气定神闲一些。我说，这不是这个阶段我该有的状态。我确实着急，我们还有很多事要做，有很多关要闯。

但我很坚定，不含糊，我觉得这个关一定能闯过去，这取决于我的战略决心。我有信心和底气。

变革要"外看刚硬，内看柔软"

何伊凡： 管理大师吉姆·柯林斯说，卓越的领导力要具备七个要素，包括真诚、决断力、专注力、个人色彩、沟通、软硬结合的社交技巧、一往无前的勇气。请你们各选三个自己认为最重要的要素，再结合自己的故事分享一下原因。

耿　超： 我选专注力、决断力和勇气。

专注力。我们是一家啤酒企业，酿酒本身就是一件需要专注的事，需要不断精益求精。我们的使命就是酿一瓶好酒。这就需要专注力。

决断力。燕京啤酒正在进行变革转型，很多事需要作取舍、做加减法，这需要决断。越在这种时刻，越不能四平八稳。很多工作不是非黑即白的，也没有完全正确或无风险的决策，这就考验我们这个班子、团队，不但要正确解决问题，还要能快速解决问题。啤酒是快消品，市场竞争非常激烈，决断力非常重要。

2020年，我进燕京啤酒的时候，资源有限，我们该往哪个方向走？这就需要决断。

我们生产了两款产品：一个是燕京清爽，当年销量约40万千升；另一个是新品燕京U8，当年销量不到10万千升。前者盈利高、基础好；后者才刚刚起步。我们的资源无法同时支撑这两款产品的营销。怎么选择？

做新品难度很大，但最后我们还是坚定地选择了几乎零基础的燕京U8。燕京U8无论是产品还是品牌形象，都更加年轻化。选择燕京清爽，意味着在啤酒旧世界里扩容，而选择燕京U8，就是选择了市场的未来。燕京U8的销量近几年增长迅速。截至2023年10月，2023年燕京U8销量已有50多万千升。

当然，现在回过头去看，有一些决策做得很仓促，但只要核心逻辑和方向是正确的，就不会偏离主线。

一往无前的勇气。有些问题、趋势，我们可能洞察到了，也有决断力，但是能不能发挥组织效能？措施能不能执行？规划好做，但在实际落地的时候，可能会遇到很多问题，包括组织内部、股东之间、团队等各方面的问题，这就需要我们坚定信念，一张蓝图绘到底，认准的事情把它干成。

侯孝海： 我选决断力、沟通和软硬结合的社交技巧。

第一，决断力。很多时候变革失败的原因就在于不够决断。决而不断、当断不断，是变革大忌。在变革中，有很多正在发生的事情，事实上并没有完全设计好的计划和途径，需要快速决断。

最初，我们决定每年关两家工厂，五年关十家。但关了两家后，我们发现优化工厂的实际难度、风险尚可控，且已经摸索出一些经验、方法。这时，我们面临选择，是加码，还是按照最初每年关闭两家的规划进行？这就需要决断。

我们很快做出决定，适当加快关厂的步伐。2018年、2019

年，我们分别关掉了 13 家和 7 家工厂。2020 年后，关厂就很难了，但在 2020 年以前，我们已经关掉了 20 多家工厂。

员工优化、与喜力®合作，也都需要决断力。在变革中，下刀足够狠，做决定足够快、足够坚决，还能将组织中很多摇摆和不理解的人争取过来。

第二，沟通。华润啤酒要进行这么庞大的变革，沟通必须做得全面，且有沟通技巧。

做出一个决策，首先需要争取的是管理团队中更多人的认同，形成一个共识。一些人即使不支持，但是做好沟通，他们也不会反对。

还要与员工沟通。为什么要变革？为什么要优化工厂？为什么要安置员工？我们需要坦诚，实事求是地与他们沟通，让每一位员工都知道发生了什么。

股东、上级也是特别需要沟通的对象，因为变革需要获得支持和批准。变革带来的效果、影响是什么？他们在变革中的职责和角色是什么？他们能够提供什么帮助？这些都需要与股东或上级沟通。

第三，软硬结合的社交技巧。变革要"外看刚硬，内看柔软"。从外部来看，变革要刚硬，大刀阔斧，一往无前，但从内部看做事要有柔软度，柔软度带来组织弹性、政策弹性。

改革过程中，解决问题时，有时候需要给予一些宽度，才能让人成功渡过这条河；有时候则要缩窄，才能逼着人跳过去。尤其在如何解决利益问题上，软硬结合尤为重要。每个政策的制定，其中都有软硬平衡，这种平衡会让变革更加平顺。这是变革的智慧。

耿书记刚才还提到一点，我认为非常重要，就是要有变革的容错空间。在变革中不可能事事成功，如果要求事事成功，谁敢变革？我认为，要给变革者更加宽容的空间和良好的土壤。

何伊凡： 最后一个问题，请两位互相问对方一个与商业新世界相关的问题。

侯孝海： 燕京啤酒过去做了一些非啤酒类业务，比如矿泉水。现在华润啤酒也开始进入白酒产业。耿书记有什么建议？

耿　超： 白酒、啤酒，都是酿酒，在市场管理和品牌营销上有差异，但我认为这个布局有前瞻性。啤酒年轻化，拥有一定阅历的人却喜欢喝白酒。夏天是啤酒旺季，冬天则是白酒旺季。白酒是一个很好的赛道，布局白酒对于企业的平衡发展很有意义。进入新赛道的核心在于人，要找对干事的人。华润啤酒组织能力、学习创新能力都很强，我相信在白酒赛道上也一定能够跑出加速度。

我想问的是：啤酒的未来是高端化，但中国拥有庞大的基础消费群，对于主流酒业务的未来，侯总是怎么考虑的？

侯孝海： 这是一个行业共性问题。在高端化战略中，我们往往是顾了一头，忘了另外一头。中国市场规模巨大，其实啤酒容量更多的是在中低端酒上。中低端酒是啤酒的基本盘，是我们的基础，也是我们的命脉。在现在的高端化战略中，必须两手都要硬，既要做高端化，又要守住基本盘。

现在中低端容量不断减少，如何能把基本盘护住，把堤坝筑稳、筑牢，这对我们而言也是一个很大的考验。

高端酒带来了增量发展，但低端酒也不能再继续流失了。如果我们把底部基本盘护好，中国啤酒行业的发展会更健康。过去我们提高端化较多，现在要强调，既要高端化，又要基本盘。

第 4 章
新世界之产品焕新力：
酒业增长逻辑已经变了
——华润啤酒侯孝海对话中国酒业协会何勇

对 话 人
何 勇

何勇是中国酒业协会秘书长。自 1996 年开始，他就一直在中国酒业协会（原中国酿酒工业协会）工作，至今已有 27 年。何秘书长也是一名高级酿酒师和高级品酒师，在中国酒业的产品创新与发展方面研究颇深。

精彩观点

- 在消费升级的背景下，消费者对品质、个性化的追求，对产品迭代的要求已经和过去有了很大的不同，我们正在从规模发展向高质量发展转变。
- 啤酒有一个与其他酒类都不一样的特质，啤酒更能适应市场的变革。
- 白酒这一两年有个调整期，但实际依旧很繁荣。收入在增加，利润在增加，品牌在变好，产品在升级，市场竞争越来越公平公正。过去产业是快速地增肥，现在追求的是健康的发展。
- 醴是自然发酵的产物，可以说是中国最老的啤酒。很多消费者可能不相信，但这是有历史依据的。

新世界已来

何伊凡：新世界是侯总提出来的概念，也是我们理解商业世界变革的一个基本逻辑。当我们探讨一个新世界时，不但要从企业看，也要从行业看，所以今天我们请来了何秘书长。先请二位用几个关键词来概括啤酒新世界。

侯孝海：第一个关键词是商业环境。整个商业环境发生了很大的改变，包括产业的发展、消费的市场、经济的大环境，都发生了很大的改变。商业环境是非常重要的。

第二个是生意模式。我们这个产业发展的逻辑和模式、推动产业繁荣的主要因素和路径，都发生了很大的改变。

第三个是消费市场。啤酒品类的消费市场发生了很大的改变：年轻人已经成为消费的主力；在消费升级的背景下，消费者对品质、个性化的追求，对产品迭代的要求已经和过去有了很大的不同，我们正在从规模发展向高质量发展转变；在移动互联网环境下，自媒体蓬勃发展，品牌沟通和宣传的方式都和过去非常不一样了。这些因素给整个商业带来了更多的可能性，也带来了更复杂的变化。

何伊凡：何秘书长，你认同新世界的说法吗？

何　勇：这可能会让人觉得，是变革时代的一种标签。这应该是存在的，而且很合理。酒类产品我们叫消费品，消费品本身是市场经济的

产物。所谓新世界,要从几个方面去产生一定的联系和变革:

首先,人口迭代。之前的主力消费人群已经不再是现在的主力消费人群,这是人口迭代所带来的。这是一种供需关系的转变,是最底层的,因为基础的消费人群转变了,需求端影响供应端的转变,也会影响到供应方的变革。

其次,科技的进步改变了我们的生活方式,经济水平的发展也提高了我们的消费水平和消费能力。

所以我觉得,商业新世界,从人口到科技、到经济、到社会,是一个整体性的替代,而非平替,是真正的革新,说新世界不为过。

何伊凡: 它是一个整体的生态系统的变化,而不是小修小补,这是两位的核心意思。但当我们说新世界时,再回看旧世界,旧世界当中也有好日子。旧世界当中最好的日子是在什么时间?

何　勇: 我觉得从新中国成立以后,啤酒行业的发展应分为三个阶段:

第一个阶段是一个供不应求的阶段,企业只管生产,不愁卖;之后进入了市场经济供需转换,开始供大于求的阶段,这是第二个阶段,提品质的阶段;第三个阶段,当下时代,我认为可以称之为"新新世界"。因为供需转换是一个大的重要变革,而我们现在是在"新"的基础上更加"新"。

对于行业来说,所谓的好日子,可能是供不应求的阶段,只要产品生产出来了都能卖掉,不谈品质。你说那个日子好吗?对企业来说可能是好,但对于消费者和市场来说,未必是一件好事。因为消费者没有选择的余地。所以我认为各有利弊。对消费者来说,当下是最好的时代。

何伊凡: 何秘书长提了一个"新新世界"的概念。侯总,现在回忆一下旧世界当中，是否也有可以很轻松赚钱的时候？

侯孝海： 华润啤酒于1993年诞生。从20世纪90年代到如今的21世纪，是行业发展速度最快的一个时代，像滚雪球那样发展，从一家企业到100家企业，从小规模到1000万千升，其实也就是十几年的时间，发展非常快。这个时间段是一个规模快速增长的时代，也是一个并购的"黄金年代"。

从改革开放开始，中国啤酒产业进入繁荣阶段，很多啤酒企业出现；到20世纪八九十年代，出现大规模并购；到2010年左右，又发展到一个新的阶段。所以我认为，中国啤酒产业在旧世界的好日子，就是中国改革开放的好日子。

进入新世界的时候，啤酒产业进入一个繁荣时代。虽然量有一定的减少，但质得到了极大的提升，包括啤酒的产品品质、品牌，产业的效益。从这个角度看，今天也是一个特别好的日子，只是今天面对的问题和旧世界有所不同。

增长逻辑已经变了

何伊凡： 2023年年初，中国酒业协会回顾总结2022年工作时，何秘书长提到了酒类消费和市场形势发生了翻天覆地的改变，艰难与希望并存。艰难是什么？希望又是什么？

何 勇： 就像侯总刚才说的，我们在不同的阶段有不同的挑战，也有不同的希望。这是一个产业发展过程中必然面临的正反两面。当下面临的挑战，一是大的经济环境和消费环境，这点也不光是酒类，是整个消费品行业共同面临的一个挑战。

但我觉得在这个阶段，啤酒的表现相对其他酒类来说更好一点。为什么呢？有两个因素：第一，啤酒有一个和其他酒类都不一样的特质，就是绝大部分的啤酒讲究新鲜，其他的酒都可以存放，而且是越陈越香、价值越高。也就是说啤酒更能适应市场的变革，特别是2020—2022年三年市场变革后，它是最早、最快适应的，因为必须去适应。

第二，我认为啤酒本身是一个国际化的产业。它的市场策略、管理水平、营销体系、品质技术等各个方面，相对来说也都处于国际化领先水平。近年来，产业发展的变革加速了，产业发展的进一步深化也加速了，这既是挑战也是希望。所以有时候要辩证地看，挑战本身就是希望。

而且在此基础之上，当下我们看到啤酒产业更多向消费需求，向多元化、个性化、品质化这些方向转变，也带动了消费者的消费情绪。这种希望诞生于消费变革里面的一个节点，就是从一个完全迎合市场消费需求的产业，逐渐走向了引导消费的一个产业。

何伊凡：侯总，说一下你作为企业的体感，所谓的艰难与希望，你感受到艰难了吗？

侯孝海：目前我们比较艰难的可能是，当前经济形势下消费出现了一定的萎缩。更长远看，在消费升级的浪潮下，出现了很多多元化和个性化的消费需求，对我们这类大企业如何满足各种消费需求、如何柔性管理提出了要求。此外，现在年轻人的消费方式、需求、场景更多元、更多样、更有自己的特色，我们如何跟上年轻人的脚步、和年轻人沟通，坦率地讲，这对于我们来讲，还是有一定压力的。

但从希望的角度看：第一，目前产业发展相对比较繁荣，大家的收入、利润都在持续地增长；第二，啤酒整体的品质和品牌已经慢慢形成了较好的一个厚度，这给我们迎接未来的挑战带来了更多的希望；第三，就是科技，这几年华润啤酒乃至整个行业，对科技研发的投入越来越大，对我们未来的智能制造、消费场景的打造、新产品品味的研究都会有很大支撑。

当然，我们觉得下一个机遇还是在数字化。近几年，啤酒产业从生产的数字化到营运的数字化、营销的数字化，都在逐步落地。在不远的将来，数字化浪潮对我们产业的赋能和支持力度可能更大。这些都是我们信心的来源。

何伊凡： 现在也有一种说法，说整个行业有可能进入一个低速增长的阶段，白酒的库存比较严重，啤酒也有自己的问题存在，原来的那种高速增长可能不复存在，大家要适应一种中低速甚至是低速发展的状态。两位认同这种观点吗？

何　勇： 不太认同。得看所谓的低速和高速定义在哪个方面，如果定义在产销量上，低速增长是存在的，但是有一点被忽略了，就是我们刚才说的"量质转化"。

啤酒行业发展多年来，我们停留在一个固有的模板下，老觉得需要按照之前跑马圈地的模式，占据足够的体量以后，才能形成市场的话语权。这就是啤酒产业"集约化浪潮"过程中的一个必然产物。

但在2013年之前，这个时代就已经过去了。相对来说，我们的头部企业基本已处于一种稳定状态。这个时候一定是"提质"的阶段，就是量价转换、量质转换。质和量是两个字，我觉得对于一个产业发展来说，一定是先有量再有质。量的时代已经过去，如果还把量放在首位，不符合发展趋势。

但如果从我们的收入水平和附加值，以及文化水平的变革提升方面来说，啤酒产业潜力巨大、空间巨大。过去啤酒产业从来没有在质的方面或附加值层面、文化层面呈现大幅度的增长。未来从量的思维转变到质的飞跃或提升、对科学技术的应用等各个方面，我觉得会是一个加速阶段。

侯孝海： 我觉得这个问题是一个旧世界的问题。旧世界都是以量取胜、以规模为第一、以做大为代表，求大，求快，这就是旧世界的一些观点。所以，所谓的啤酒产业、白酒产业好像见顶了，好像量不行了，这些说法都是旧世界的人用旧世界的思维来看新世界。

在新世界里，企业发展的逻辑、增长的逻辑已经改变了。从质的方面来讲，现在的啤酒产业和白酒产业发展得不错。当然了，白酒这一两年有个调整期，但实际上依旧很繁荣。收入在增加，利润在增加，品牌在变好，产品在升级，市场竞争越来越公平公正。过去产业是快速地增肥，现在追求的是健康的发展。

高质量的锚点

何伊凡： 当我们说到新世界的逻辑时，就离不开两位频繁说到的一个词——质量。现在高质量发展，也是一个大家经常谈到的话题。对于酒业而言，所谓的高质量发展到底是什么？参照系是什么？锚点是什么？

侯孝海： 从华润啤酒的经验来看，判断是不是高质量发展有这么几点：第一，你整体业务成长的速度和质量是不是可持续的、是不是更健康的、是不是能够持续盈利的。

第二，作为一个消费品，产品品质是不是高质量的，服务是不是高质量的，生产和供应的效率是不是高质量的。这肯定是一些非常重要的指标。

第三，你生产的效率和智能化水平是不是处于非常高的水平。如果你还处于低水平的配置、低水平的管理、低水平的生产运作，那就谈不上高质量。

第四，业务是不是高质量的。通过数字化来不断赋能，使整个运营费用越来越低，运营效率越来越高，销售获得感越来越强。这说明你的业务是高质量的。

第五，是不是一个生态友好的发展模式。

何 勇：侯总站在一个企业的领导者和管理者的角度，谈了企业的高质量发展路径，非常清晰。我在产业层面谈谈我的理解。

目前，高质量发展虽是一个老生常谈的话题，但很多人只当成了一个口号，缺乏对其含义和内在的深度思考。高质量发展，不是一个口号，而是一个方法论，是实现我们进一步发展的逻辑关系。高质量是建立在质量基础之上的，也就是说，我们原来走的这些路径或所组成产业结构的元素都是对的，但是在此基础之上还要提升它的质量，这叫高质量。

比如啤酒产业，我认为有三个特征：市场化、集约化、国际化。

所谓市场化，就是供需关系、消费者的诉求转变了，需要对高品质的产品有更多的选择，而且有差异化、个性化、多元化的选择，那么我们就要把产品的品质提上去，符合消费者的需求，甚至于引领未来的需求。啤酒是一个充分市场化的产业，且面临国内国际同步竞争，啤酒是中国加入WTO之后首批零关税产品之一，也就是说从那时起我们就已经接受了国内国际的同步竞争。这种市场化，今天我们叫高质量的市场化阶段。

另外，集约化也是啤酒产业的特征，如华润啤酒，能通过十几年的时间成为世界排名靠前的啤酒集团，就是通过集约化的方式，集团化的资本并购，股权置换的方式等，形成了今天的体量。在此基础上，企业在产能、技术、科技以及生态方面持续优化和提升，就是我们高质量集约化的体现。

此外，还有高质量的国际化。国际的先进经验和管理水平早已介入啤酒产业，华润啤酒从诞生之初就有和国际资本合作的经验，国际化的管理方式和管理能力也都得到了进一步的提升。但有句话叫"过去未去，未来已来"，不能老回望过去，还要站在未来看今天，这才是高质量的内涵。

何伊凡： 进入新世界，并非把旧世界的一切都扔掉，今天新世界的很多基础是来自旧世界沉淀的经验教训。刚刚我们从宏观的角度来谈新和旧的问题，谈高质量问题，实际上它也有具体的呈现，比如华润啤酒推出的醴这款啤酒，在我们说高质量的时候，它可能是一个特别具象的产品。这款酒推出的背后有什么故事？

侯孝海： 它可以说是高质量品牌和产品的一个代表。醴是怎么来的？是在参加中国酒业协会主办的"中国啤酒T5峰会"后的餐叙中，宋书玉理事长提起了中国啤酒的起源，很多人认为啤酒是舶来品，但经研究发现，在仰韶文化里有用粮食酿的低度酒的痕迹，这种酒可能就是中国啤酒的起源。那天回家后，我就想，为什么不把这种酒传承下来？于是就有了醴。

何　勇： 醴是自然发酵的产物，可以说是中国最老的啤酒。很多消费者可能不相信，但这是有历史依据的。全世界的酒的发展都经过三个阶段：自然发酵、人工参与、蒸馏技术。只有建立在自然发酵之上，才能有人工参与，所以醴是中国所有酒里面最早的酒。

《天工开物》中记载："古来曲造酒，糵造醴，后世厌醴味薄，遂至失传，则并糵法亦亡。"虽然不可否认，当代啤酒是从西方再次舶来的，但西方的原始啤酒与中国古代喝的啤酒没有区别，都是自然发酵、谷物发酵而来的。

华润啤酒推出的醴这款产品，有一个重大的意义，它是一种标志，致敬传统文化，提升文化自信，这是提升整个啤酒品类价值的一个方向。

共情力

何伊凡： 在新世界当中应当有年轻人的位置，大家除了追求高端化外，还要追求年轻化、个性化，对于这点两位怎么看？

何　勇： 年轻属性一定是啤酒里最不可或缺的一个重要因素。啤酒的主要消费人群是年轻人，这是基本盘，是啤酒不可忘记的本来。

侯孝海： 首先，20岁到35岁的年轻人是啤酒最主力的消费人群；其次，啤酒的消费场景也是最适合年轻人的场景——欢乐、激情的场景；再次，年轻人的消费、年轻人的态度、年轻人对啤酒的看法，引领了啤酒未来消费的方向，它是一个风向标，所以年轻人群非常重要。

基本上我们的品牌形象、推广活动、合作IP，甚至产品的设计和开发都是瞄准年轻人的。华润啤酒有一个品牌主张就叫"We

made for young"（为年轻创造）。

当然，随着我们公司的管理层年龄的增加，怎么让产品和年轻人在一起，存在一定挑战。唯一的解决方法就是，建立年轻人洞察、年轻人分析和研究的机制，通过这样一个机制来保持年轻。在组织里，品牌管理部、渠道营销部、数字化研究部等部门，也争取让更多年轻人加入。

何　勇：还有一个是情绪价值产品。不一定管理人员、运营人员非得是年轻人，我和侯总都是"60后"，情绪价值更多时候是一种共情能力的建设和体系的构建。当然我们面对的并不仅仅是年轻人，还有不同的细分市场，比如中老年消费群体、女性消费群体。更重要的还是你的共情能力。

何伊凡：请两位用一句话给现在的酒业从业者一个建议。

何　勇：回望历史，是为了更好地发展。但如果要把未来发展得更好，就需要创造更多的历史。

侯孝海：希望企业家们能始终保持洞察市场变化的能力，否则很可能会被变革掉、被甩下。要战战兢兢，始终在一线，始终找准市场的脉搏，去变革。

第 5 章
新世界之科技创新力：
白酒到底需要什么样的创新
——华润啤酒侯孝海对话江南大学徐岩

对话人
徐 岩

  徐岩是江南大学酿造微生物学与应用酶学研究室主任。他认为，由于中国白酒的生产方式比较复杂，尤其是好酒，基本传承了"天人共酿"的方式，这就决定了白酒在走向工业化的进程中会面临一些挑战。比如，如何将过去的"工匠精神"，通过微生物发酵转化和工艺技术实施，进行传承与创新，最终转化为产品的品质，并实现大规模生产。类似这样的白酒的"产品力"还包括：产品怎么焕新，怎么与消费者沟通，科技含量有多少，品质如何提升，包装如何改造。

精彩观点

- 中国白酒，尤其是好酒，基本传承了"天人共酿"的生产方式，使得大家认为不是自然的就有缺点。
- 商业新世界和旧世界最大的一个区别是：过去是厂商自己做产品，消费者被动接受；现在是消费者做选择，我们叫"消费者主权时代"。
- 发酵食品全世界各地都有，可以说种类数不胜数，但传承到现在成为一个真正大产业的，其实并不多。
- 我们过去讲"干杯文化"，干就完了，确实没有把饮用过程中的仪式感、美感以及与生产者之间的共鸣展示出来。
- 现在就是一个"既要、又要、还要"的时代。
- 中国经济长期向好的发展趋势是不会改变的，因此我们对白酒也是长期看好的。

"自然的故事"也要有科技支撑

何伊凡： 我们今天讨论科技创新，很多人认为白酒更重要的是传承，不能随便创新。首先想请教徐岩教授，什么决定了白酒的产品力，白酒到底需不需要创新，创新点在哪？

徐　岩： 由于生产方式比较独特和复杂，中国白酒，尤其是好酒，基本传承了"天人共酿"的生产方式，使得大家认为不是自然的就有缺点。但其实，当所有的酿造过程逐步清晰，尤其是人类知道了微生物以后，这些工艺背后，"自然的故事"背后，一定是有科技的支撑的。

作为一个工业化、大规模生产的产品，如果没有科技、全靠自然，没有办法实现产品的品控。尤其是现代化以后，诞生了人工智能、合成生物学以及很多新技术。从产业发展的角度考虑，白酒企业一定要吸收这些新技术（也就是新质生产力），才能使得产品品质不断提升、符合消费者需求。要利用科技进行品质保障，搭建科技研发的平台、人才培养的平台、大规模工业化的生产平台等。

白酒是中国独有的，很难从国际上学习一些技术直接使用在上面。它的创新，不是跟随创新，是传承式创新。所以首先要知道传什么、怎么传，后面才有怎么创。它的难处在于，需要在传承好的基础上创新，要随着时代的需求不断创新，要调控品质来适应新世界里所有消费层面的需求。

何伊凡： 侯总，你最早提出商业新世界，华润啤酒现在也布局了白酒，那么在白酒的新世界当中，我们所需要的产品力是什么？

侯孝海： 白酒的新世界，首先是消费人群在发生改变，年轻人逐渐开始喝白酒，这对于酒企来说是一大挑战；其次是徐教授提到的，科技发展日新月异，为白酒产业带来更多的可能性；最后是白酒整体的消费大环境在发生改变，用户消费场景在变化，白酒科技含量在提升，加上高质量发展、消费升级这样的浪潮推动，白酒新世界的画卷正徐徐展开。

在这个时代，白酒产品如何创新，如何发展，如何跟消费者沟通，产品的科技含量有多少，品质如何提升，包装如何改造，我认为都是很大的挑战。

何伊凡： 产品是企业和用户沟通最直接、也是最基本的一个途径。当我们提到新世界，对应的是一个旧世界。在商业的旧世界中，大家对产品的要求是什么？旧世界白酒的产品特征是什么？

徐　岩： 现在的产品特征和过去相比，的确有很多变化。过去，是以专家的认知来形成判断标准，专家来判断理化指标、安全性标准，是完全从技术角度、由生产方提出标准的模式。那时处于计划经济，酒是比较稀缺的，生产方生产出质量稳定的产品提供给消费者。

但现在白酒消费市场更多元，处于买方市场，消费者会提出更多、更高的要求。尤其随着现在中国人生活水平的提高，白酒消费者的年龄层次也在迭代。而且中国市场持续对外开放，年轻人的选择也更多元。在他们选择的过程中，如何能满足消费者多元化、个性化的需求，以及对品质的要求，和旧世界是不同的。

何伊凡： 你做了很好的概括，旧世界中大家主要的思考点是从生产者的角度出发，现在新世界要从用户、消费者的角度思考。侯总，你认同徐教授的说法吗？

侯孝海： 这个变化很重要。商业新世界和旧世界最大的一个区别是：过去是厂商自己做产品，消费者被动接受；现在是消费者做选择，我们叫"消费者主权时代"。

在这种情况下，酒企品牌的形象和内涵、产品品质的表达、技术工艺等都很重要。另外，在旧世界，我们提供一个产品，消费者不太知道好不好，而现在大家都在喝安全、喝品质。过去产品的需求比较单一，但现在更复杂、更多样。

传承和创新相互交织

何伊凡： 酒业的新世界和旧世界，并不是像砍一刀一样，一刀就一分为二，中间有一个过渡的过程。从产品角度来看，在过去20年当中，酒业的科技发展有没有几个重要的里程碑？我记得有"169计划"和"158计划"？

徐 岩： 在新中国成立以前，中国的白酒基本以作坊式生产为主。新中国成立以后，才慢慢发展形成工业化体系，从手工制作逐步走向工业化制作。

从科技的角度看，白酒的产品发展可以分为几个阶段：第一个阶段，改革开放以前，国家集中组织过几次试点，像烟台试点、茅台试点、汾酒试点、泸州试点等。这些试点的主要目的是将传统的操作按照现代的科技整理出来，在满足计划经济需求的同时把工艺沉淀下来，这是一个非常必要的过程。各大企业承担了国家任务之后，再继续进行研发，就会慢慢地形成自己的酿酒工艺，现在讲的工艺其实都是在此基础之上发展起来的。

改革开放十年左右，白酒行业开始走向市场经济。这种大规模的国家组织的科研就不大有了，取而代之的是各个酒企围绕自身的市场需求开展工作，这时白酒的香型也开始多了。这是第二阶段，酒企各自进行研发的阶段。

20世纪末到21世纪初，出现了大量新的技术，最开始这些技术被运用在研究上。2005年，我们和茅台对茅台酒的风味进行了"茅台酒风味物质解析、微生物研究"。这个解析不是从分析化学的层面进行的，因为过去我们一直做的是把这个东西分析出来就行了，但是没有解决本质的问题，就是这个东西有什么、用处有多大，没有办法给出评价。

我们和茅台公司到美国学习并完成创新后，当时的中国酿酒工业协会，也就是现在的中国酒业协会，认为这是一个突破性的技术，可以带动整个行业发展，于是做了"169计划"，在2007年启动持续五年的攻关。

"1"是一个共识的目标；"6"是当时有6个课题，包括风味物质解析、陈年酒鉴定、发酵等；"9"是当时9个具体承担的单位，2009年又加入了十几家研究单位。所以"169计划"为在新时期，尤其是在新技术出现之后，如何传承好、创新好白酒方面，提供了非常好的一个契机。在此基础上，我们又组织了"158计划"，主要是对酿酒方式的机械化研究。

从机械化，到现在的数字化、智能化，一步步走过来，就到了第三个阶段。近十几年到二十年，中国白酒技术经历了跨越式发展，我认为也是中国白酒发展最快的一个时期。这一发展主要还是来自整个时代的变化，新科技及自身产业发展的需求。

和中国其他制造业一样，如果能跟上这一次工业革命的话，今后这个产业会有一个良性的、高质量的发展。

发酵食品全世界各地都有，可以说种类数不胜数，但传承到现在成为一个真正大产业的，其实并不多。很多都被丢掉了，或始终停留在手工操作的阶段。这个过程会优胜劣汰，其中科技起了很大的作用。

何伊凡： 这一点很重要，我们喝酒觉得是自然而然的，好像从几千年以前就一直流传到现在，其实未必，如果没有科技和创新的话，这个产业有可能被淘汰。

徐　岩： 是的。尤其是对品质和安全的把控。作为大单品，不能今天喝是这个味道，明天喝又是另外一个味道，必须是一个口味，而这里面有两三千个含量非常低的物质，你怎么把它调整成一个口味，背后没有科技支撑，是没有办法做到的。这里面富含了许多科技的知识，包括化学的、生物的、工程学的，这三大学科相互交叉，这的确需要一个过程。啤酒已经历过这个过程，因为啤酒是单菌种发酵，工厂里是非常工业化、现代化的设备。中国白酒如果能抓住这第四次工业革命的机会，有一个质的提升，一定会成为不仅是中国，而且是面向国际的大品类。

何伊凡： 现在侯总也经常跑白酒厂，肯定有很多思考，对于白酒的科技创新，你有什么想跟徐教授讨论的？

第 5 章 新世界之科技创新力：白酒到底需要什么样的创新

侯孝海： 我做白酒以后，对白酒产业的几个点有一定困惑：第一，白酒怎样才能实现更好的品质？第二，你做的好酒，怎样才能让消费者看得懂、真的喜欢？第三，科技到底能够解决什么问题，哪些问题是通过科技能解决的，哪些问题是需要通过自然和传承来解决的？

徐　岩： 的确，因为白酒的复杂性，它依赖自然的程度比较高，而我们工业社会做一个产品，你要可控，可精准地定量控制。侯总提出的这几个挑战，也正是我们目前在不断进行研究和攻关的东西。

　　首先是如何能够把酒做好。过去我们主要靠工匠精神，同样的产品，为什么你做得好，我做得不好，是因为你的工匠精神很到位。我们也知道，工匠精神的传承，主要是人的因素，但最后还是要通过微生物转化、通过工艺，成为产品的品质。这个过程中，就需要科技，更多地了解微生物的基本知识、机理，还要知道微生物怎么能够和人更好地互动、怎么去调节它，这是我们现在需要做的。

　　这又得回到传承上，所以我说传统和科技是交织在一起的、是不断提升的一个过程。白酒企业都在做创新，比如酱香型白酒碰到的问题不仅是实现稳定的生产，还要突破优质酒产量的瓶颈。"169 计划"时代，我们主要提风味引导，现在更多提利用微生态发酵和群体微生物调控。

　　除生产端外，还有消费端。现在白酒行业的技术发展中，风味认知已经到达了一个新高度，现在全球食品最前沿的研究是食品的"感知"。感知不同于感官，感官更多讲嗅觉、味觉等受到刺激以后的关联度，而感知更多去研究你感受到的信息是怎么传递的、感受到的物质进入身体内是怎么代谢的、在体内停留的时间有多久，饮用以后如何让人感到舒适以及最后如何停留在脑子里形成对酒的概念，也就是喝的到底是好酒还是劣酒的感受。这就更复杂了，延展到人这一段就特别复杂，不好量化，很难找一个模型来做，要靠消费者自行体会，而个体本身对感知的差距很大。

挑战的确很多，但不管怎么说，新技术不断地出现，以及产学研的合作方式不断深入，都在帮助我们迎接挑战、解决瓶颈、走向目标。

侯孝海： 现在消费者已经到了能够品鉴好酒，能够说得出哪里好、哪里不好的程度。我觉得消费新世界的一个重要特征就是消费者了解你——因为是你，才选择你。法国人喝葡萄酒，能说出为什么好，用的什么葡萄，是怎么做的，甚至认识酿酒师。我觉得中国白酒未来的品质，可能就是要走到这一步，等到每个人拿出一瓶白酒，能知道什么原料、什么工艺、什么风味、喝了之后什么感觉，白酒真正的繁荣期也就到了。在这方面，科技应该有很大的支持空间。

徐　岩： 怎么用好科技？我认为有两个方面：一方面，在生产环节，刚才提到了，如何用科技让白酒的生产更优质、更高效；另一方面，在市场端，引领消费者的消费行为，教会消费者什么是好酒、怎么饮好酒，确实需要一个教育消费者的过程，这也是白酒和国际上的烈酒差距比较大的地方，对方拿着一瓶威士忌能头头是道地讲半小时。

怎么定义好酒

何伊凡： 现在最难的一个问题，就是什么是好酒，怎样让用户感觉到好。"好"这个词在白酒当中有时候是模糊的。当我们判断一瓶威士忌好与不好时，有很多指标，评价红酒也有一套很成熟的评价体系，包括年份、产地等。但是，白酒为什么没有建立起一个完整的评价体系，这好像是旧世界当中没有完成的一个任务？

徐　岩： 其实从生产端来讲，酒的好坏是可知的。但是在消费端的教育和引导上，没有能够很好地把白酒的评价标准传递给消费者。因为太专业，消费者没有一些基础知识很难理解，他需要你给一个更简单、听得懂，而且能够感受得到的表述方式。我们过去讲"干杯文化"，干就完了，确实没有把饮用过程中的仪式感、美感以及与生产者之间的共鸣展示出来。这是白酒产业从计划经济走向市场经济的过程中需要逐步适应的一个过程，也是白酒在新世界的一个重要课题。

侯孝海： 这是白酒很重要的后半篇。白酒前半篇是产区、原料、工艺、品质的控制，这些现在已经做得不错，现在只是论价格，宴请场合喝价格高的，平时喝价格低的，主要是喝价格，这太简单了。白酒后半篇，需要更丰富、更清晰的评价标准。

何伊凡： 新世界的话题，还真的是越分解越明白。根据两位的讲述，在酒业的旧世界当中，对"好"的定义，是生产厂家的自我定义，那么翻篇到后半篇之后，一个很重要的变化是，用户要参与到对"好"的定义中来。酒的产地故事、工艺故事，原来都是你讲给我听，现在我要能够讲给人家听。

所以要找到一套语言，比如刚才徐教授反复提到的一个词"风味"，很多时候风味可能决定了一个酒的品质，但对主体风味的描述以及主体风味的形成又是一个谜。不知道我这么说对不对？在这种情况下，怎样让年轻人或者这一代消费者能够理解这种风味，并用他的语言体系表达出来，这也是一个很大的挑战。

徐　岩：确实风味的描述没有一个标准，比如大家形容"醇厚"，如果说醇厚和不醇厚中间能分五大类，这就比较量化了。但现在整体的表达还是比较笼统、比较模糊的。现在进入新世界以后，在应对消费者的需求上用了很多科学的方法，比如现在用"风味轮"描述风味，这也是国际上通用的方法，把香分成多少种，把味又分成多少种，把口腔中的刺激感也分成多少种，最后画成一个轮廓。

但中国白酒，不仅是和酿造酒比，和其他的蒸馏酒相比，所含的物质都非常多，是一种含有多种风味物质的饮品。此外，它在感官上的丰富度，与其他酒相比并不是太浓郁。因为它生物转化的东西多，所以我们说喝白酒是一种多感官和多感知的体会。如何能够超越现有的"风味轮"的描述，或者在此基础之上，如何能够描绘得更加细致，都是后面需要去研究的。

此外，还需要加上中国化的表述，这样才能清晰描述白酒的特征。这个过程不是简单的拿某种表述套用，而是需要经过实践，在新世界中建立和消费者互动的过程。这个过程是无法省略的，今后肯定需要做大量的工作。

既要、又要、还要

何伊凡： 侯总，近两年很多白酒企业在大规模扩张自己的品类，包括华润啤酒也扩展了很多新的产品品类。"扩品类"背后的原因是什么？

侯孝海： 就白酒市场而言，第一，集中度在增加；第二，消费者对个性化、多元化的追求在增加；第三，整个消费群体呈现金字塔形，这就决定了中国的白酒市场是个由多层次价格带、多风味产品组合、多个消费群体需求形成的市场，在同场竞争、同时在线的情况下，单独做一个或做数个产品都不能解决问题。

所以在档次上必须分层，必须有高档的、中档的、经济型的；同时还要有风味、度数的差异，来满足不同消费群体的需求。在品牌形象上，有需要传承的东西，也需要更年轻、创新的东西，既能适应年轻人的需求，又要稳固发展过去传统的需求。在消费场景上，还要适应消费场景的多元化——如商务宴请、婚宴等。现在中国白酒消费市场的一个主要特点，就是要求多元化、多维度和全系列。同时我们的产品品牌在场景当中也需要区隔。区隔一方面来自市场秩序的需要，一方面来自与消费需求的特征、场景的适配，这样会使得品种相对丰富一些。

过去一年我们做了很多焕新，金种子头号种子、景芝活力虎、金沙小酱等。在光瓶酒领域与年轻人相关联，但又不能丢掉景芝老白干，也不能丢掉金沙回沙酒等基本盘。白酒既在烟酒店里销售，又在商务宴请的场景里销售。所以在这种情况下，种类要多，但是每一个品类里都需要集中你的品种。看起来是很多，但每个都有它的角色、它的消费人群、它的消费场景、它的产品口味、它的品牌形象。这也给白酒产品的创造、品质的管理、销售渠道的建设、与消费者的沟通都带来很大的复杂性。

徐　岩：所以白酒创新还是有挑战的。因为你要保持满足原有的消费者对品质不断追求的需求，还需要扩增满足一些新的消费者的新需求。两者的需求叠加在一起的确更复杂，必须要有一个全方位的需求对应。

何伊凡：这给企业端提出了很多新的挑战，首先是怎么样让消费者感知到背后是有产品力支撑你的每一个新品类的，而不仅仅是一个营销上的创造。比如华润啤酒旗下这三款白酒，你做出来一款新的酒，怎么样让用户感觉不是换了个包装、换了个价格，而是背后的产品不一样、渠道不一样，原来的经销商不能打架，怎么平衡这些利益关系，这中间是不是难度都很大？

侯孝海：过去的创新是简单的创新，如换个包装、提升口味，因为行业存在这种现象。现在不行了，现在任何一个创新，都是全方位的，从原料到工艺，从包装到消费场景的打造，再到与消费者的沟通，全部要一条线打通才行。所以目前的品牌焕新需要能力的极度提升。

何伊凡：记得原来白酒要打一个新的品类，方法简单粗暴，拿下一个标王，饱和式攻击，十几个亿砸下去，然后就看你能不能挺得住，直到砸出品牌和市场。

侯孝海：现在不一样。为什么现在很多名酒的市场费用依旧很高？因为依然需要维护过去的老用户，但同时企业也得创新，没有创新可能跟不上新的消费群体，包括茅台、五粮液都在创新。现在就是一个"既要、又要、还要"的时代。它是一个大转换，新旧世界交织在一起了，市场在转变，但还没有完全变过来。

白酒仍是大故事

何伊凡：现在是风云变化，也是出英雄的时候，但如果产品做得不好的话，你有可能会沉沦。酒业这两年的库存压力也比较大，两位怎么看这个问题？

徐　岩：白酒这两年确实遇到了消费比较乏力的状况，所以渠道上积压的库存比较多，大家都能感受到。我认为这是一个周期性的问题，过去也碰到过。

从今年的变化情况来看，确实能够看出，大家在去库存上下了很多功夫。但我认为真正大的改变，还是要靠整体消费的拉动。白酒能反映整个经济发展的趋势，我们经济发展最快的十年，白酒也迎来黄金十年，不光我们国家如此，日本经济的发展过程中同样如此。

何伊凡：白酒的黄金十年，具体是从哪年开始的？

徐　岩：最近一次黄金时间，一般是指2003年到2012年，正好是国民经济快速发展的阶段。这是消费者支配能力快速上涨的过程，白酒在这个过程中抓住了机会，并与其他酒拉开了差距。

何伊凡：侯总刚刚进入白酒产业不久，恰好又遇上产业的调整期。

侯孝海：所以要看你的底气是什么。

从白酒整个产业这几十年的发展来看，它是一个跌宕起伏、波浪式发展的进程，有黄金十年，也有一些周期性的调整，之后又迎来一个黄金期，是这样不断发展的过程。整个白酒的发展趋势，是经济的晴雨表，白酒出现调整期也是合理的。白酒未来的发展，实际上取决于中国经济的发展，取决于消费未来的发展趋势。

从这个角度讲，我们为什么要坚定对白酒的信心？是因为我们认为中国经济的这一段调整，是发生在全球大变局的大变革时代，周期性的改变是很正常的。中国经济长期向好的发展趋势是不会改变的，因此我们对白酒也是长期看好的。既然如此，当然有信心用长期主义来做白酒。

另外，白酒是跟人相关的一个产业。中国人口数量巨大，虽然目前出现老龄化，或者说出生率没有达到预期，但中国的人口规模是非常大的，足以支撑中国白酒的发展。尽管我们经常说年轻人变少了，但是其数量可能比整个欧洲的年轻人加起来都多。我认为跟人相关的白酒和啤酒，长期来看都是向好的。

再有，从全球的经济发展来看，几百年以来经历了战争、灾难，经历了无数的经济周期、无数的全球变革，但是你看啤酒、看西方的烈酒和葡萄酒，几百年来这些产业都是经久不衰的。中国的白酒和啤酒一定也是经久不衰的。

应该说正值周期性的变化，我们进入白酒产业，我们更有耐心，更能够发现困难、找到问题，通过问题的解决、不断学习和探索，让自己增强本领。大风大浪才显真身手。

徐　岩：还有一点，中国白酒在全球所有烈酒中的占比是30%~40%。从全球角度看，它的国际化程度是个短板，大概只有百分之零点几，可能还都是华人喝的。放眼全球，空间还是非常大的。

这中间肯定也涉及中国整体经济在全球地位的不断提升、文化的影响力提升等。酒是一个很重要的文化载体，文化自信可以通过酒不断传输出去。关于中国酒的国际化，尽管我们讲了很多年，但并没有专门去解决这个问题，相信今后行业聚合度提高、头部企业的能量释放出来以后，这条路会走得更好。

何伊凡： 最后请两位每人用一句话，给现在的酒业从业者提一个产品和创新方面的建议。

侯孝海： 在白酒新世界，产品的品质是产业发展的第一法则。

徐　岩： 坚持自己的个性，讲好自己的故事，这是竞争中最根本的。

第 6 章
新世界之美学表达力：
真正的"美"酒时代到来
——华润啤酒侯孝海对话沙洲优黄黄庭明

对话人
黄庭明

黄庭明是江苏张家港酿酒有限公司董事长、知名黄酒品牌沙洲优黄的掌门人。1992年，黄庭明毕业后进入江苏张家港酿酒有限公司。2001年，年仅33岁的他成为公司董事长兼总经理。20余年间，在他的带领下，沙洲优黄成为中国黄酒的杰出品牌之一。

精彩观点

- 做事业、做投资，就像踢足球一样。追球，你永远都追不上。要通过判断，提前跑到某一点等球。同样的道理，做商业，一定不能在时代后面追，要提前站在某个时代发展的风口上，等待时代到来。
- 无论是黄酒的国际化，还是中国啤酒的国际化，都必须仰赖于一个更大的前提，即国家、民族文化成为全球性的文化。
- 啤酒新世界的生存法则之一，就是要有独特的核心竞争力。创新是啤酒新世界竞争中的重要能力。
- 美，似乎很抽象，实际上它是具象的。把抽象的东西落地，可能会有1000个要素，我们要一个一个地落地，可能从一个杯子、一个商标、一个厂房、一条流水线开始，对这1000个要素，都要慢慢赋予它们美。
- "美经济"时代已经悄然来临。美做得好不好，最终还是要由市场、消费者、时代来检验。
- 真正的极限运动是做企业。

"美经济"崛起

何伊凡： 侯总提出商业新世界，今天我们的话题是商业新世界中的文化，更具象一些，就是商业新世界需要什么样的美学，或者说，酒业有美学吗。

刚刚我们参观了沙洲优黄文化园，从中感受到了真正的美，也感受到了文化的气息。黄总，你如何理解商业新世界和商业新世界中的美？

黄庭明： 过去30年，中国企业在科技生产力、管理上飞速提升，人均效率提高了20倍以上，但人文方面还参差不齐，美学上的提升速度远比不上科技和效率水平的提升。

以前，我们的生产追求多快好省，只要能做出产品、讲究品质，就足够了。未来，仅拥有这些，远不能满足消费者的需求。

在工厂中，我们对厂房、酒库、装备设备的要求，跟10年前、20年前相比，大不相同。设备、厂房、运输各个环节都要有美学。未来，可能连运输的卡车都有更高要求，人员着装要有统一标准，这样，食品送出去才能让消费者放心，才能增加品牌厚度。

我们要做出黄酒界，乃至亚洲酒企中最好的、最美的工厂之一，这是我们的一个追求。目前，其中一部分已经实现，还有一些正在实现的路上。

做事业、做投资，就像踢足球一样。追球，你永远都追不上。我读书时很喜欢踢足球，进球率比同学高，我的进球成功率是15%，他们只有5%。因为他们总是去追球，但是足球的速度永远比人跑得快。而我通过判断，提前跑到某一点等球。

同样的道理，做商业，一定不能在时代后面追，要提前站在某个时代发展的口上，等待时代到来，与之汇合，我们才能立于不败之地。

何伊凡： 侯总，你如何看待美学在商业新世界中的表达？很多人认为，啤酒都是在烧烤摊上踩着啤酒箱子喝的，啤酒不需要美学。你怎么看啤酒美学？

侯孝海： 从文化角度来讲，啤酒本身是一个有文化的品类。但在中国啤酒发展的过程中，过去啤酒旧世界是供应时代，是规模发展时代。在那个时代，喝得多、喝得畅快，是啤酒文化的一个基本属性，尽管看起来没有那么美，但同样是有文化的。

现在进入啤酒新世界。啤酒新世界的一个重要特征，就是美学、文化的提升。因为在啤酒新世界，整个市场环境发生了巨大的改变，通过这么多年的奋斗和发展，消费者对生活品质、生活美的追求日益显现。

作为消费品行业，我们如何满足消费者对美的追求、对文化的追求？这是啤酒新世界中企业必须正视的问题。进入啤酒新世界后，企业必须进行产品升级、品牌升级。除了品质提升外，一个重要的发展维度就是搭建和塑造啤酒文化、品牌文化，内容包括让消费者从啤酒中感受到美好。

在这方面，我们已经进行了一些实践。

比如，首先，原料美，包括大麦、酒花等。我们现在在扶持大麦产业，也与新疆酒花企业进行项目合作。美从原料开始，让消费者感受到生命的饱满。

其次，原料转化，进行生命的重组，这是一种酿造之美。还有工厂建设、环境，这是生态之美、制造之美。产品生产出来后，从包装到文化属性、内涵的表达，都让消费者感受到美，这是一种品牌之美。

最后，要给消费者提供美好的服务。以前消费者喝啤酒，拎起瓶子就喝。现在喝酒有了仪式感，有专门的杯垫、杯子，倒酒的角度、泡沫在杯中翻腾的姿态都更讲究、更美了。这些都是啤酒美学。

美学对于啤酒新世界及新世界的文化具有重要意义。从现在开始，我们要慢慢去搭建啤酒美学。

何伊凡： 你提到一个重要观点：我们注重的，并不只是感受眼前这杯酒的美，而是要感受从一粒种子到一杯酒的整个过程的美。这让我想起曾经交流过的一个话题，就是要让食物有尊严。很多人不理解，为什么要让食物有尊严。

黄庭明： 食物的尊严，实际上是人的尊严的一种投射。你以一种认真、肃穆、敬仰的态度和理念去生产食物，对它进行美的包装、运输，让整个过程变得赏心悦目。当食物呈现在消费者面前时，消费者会感受到一种情绪的投射，就是"我有尊严"。

实际上，"美经济"在中国已经悄然崛起。以前，我们一个月理一次发，现在15天理一次；在20世纪七八十年代，人们一年可能只有三件衣服，现在的年轻人一个月就有好几套衣服……这都是"美经济"的体现。人们已经进入为美消费的时代，这也是后工业时代经济发展和文明发展的一种体现。

> 讲究效率的时代已经过去了。过去20年,各行各业、各个领域的工作效率至少提高了20倍。在食品领域,工作效率、食品安全是最初级的门槛,是最基本、最底线的要求。而现在,"美经济"时代已经悄然来临。

侯孝海: 在现在的酒类产业中,人们都说颜值就是品牌,颜值就是美。为什么?因为消费者愿意付出更高的价格去享受美,他们认为美的东西有更高的价值。

人都喜欢美的东西,过去我们的经济、消费水平尚未达到一定阶段,但真正进入商业新世界后,消费者对美有了更高的追求。就像黄总所说,现在已经进入一个追求美的时代,白酒、啤酒都在谈美。

黄庭明: 分享一个我的经历。有一次,凌晨1点,我在国外一家酒吧里喝酒,服务员在威士忌中加冰块,冰块像圆形水晶一样。我问他:这么美的冰块是怎么做成的?他说,在制作时,必须把水中的空气全部排干净。这样制作出来的冰,美得令人惊异。在深夜,一个孤独的旅行者享受到这样美的酒,心情是非常舒适的,是诗意的。这就是美给消费者带来的一种体验。

侯孝海: 酒业有一个词,叫"消费体验",美的体验是其中非常重要的一环。消费者不仅要喝好、吃好,更要喝得美、吃得美。其实,美无处不在。在消费新世界中,与谁在一起、用什么方式来消费,都是美的一种。

何伊凡: 现在的酒文化与以前有一些差别。在以前的酒文化中,干杯文化是一种重要的文化,似乎并没有两位刚刚说得那么美。在这个变化的过程中,如何教育消费者、向消费者传递美?

黄庭明: 我们不需要教育消费者,因为美是消费者自身心灵的呼唤,真正美的东西会撬动每个人的心灵。

我从业30年。20世纪80年代,酒业从业人员在一起聊怎么制造;20世纪90年代,聊如何提高效率;21世纪初期,聊怎么管理……到现在进入高质量发展阶段,我们在这谈食品的尊严、美学,这是时代的呼唤、市场需求的呼唤。

美,不是教育出来的,而是消费者呼唤的。我们要去适应市场。

真正的"美"酒时代到来

何伊凡: 黄酒离美很近,它有文化、有传统。我最早知道黄酒,就是从苏轼的一首诗里:"应倾半熟鹅黄酒,照见新晴水碧天。"但是在一段时间里,外界感觉不到黄酒与美的关系,这是为什么?

黄庭明: 离开酒,中国诗词大概要少一半。而这一半中的一大半,是因为黄酒而少去的。中国的诗词曲赋,有很多是关于黄酒的,这是一个既让人高兴又让人沉重的话题。我们有如此的底蕴,为什么却没有表达出它的科技、它的美、它的尊严?

其中有很多原因,无法一一说出。我简单说几个原因:

第一,与中国人的朴素有关。中国人做企业,只要把产品做好就可以了,用一句俗语来说,鸡只要下蛋就行,鸡窝做得好不好无所谓。这与中国人的实用主义有关,只在乎产品本身。

第二,我们的工艺启蒙相对晚一些。最开始,为了在市场立足,实现快速增长,大家无暇关注这些精美工艺。再加上前期一些行业从业者喜欢挣快钱,关注不到工艺问题。

现在有一大批优秀的企业家,正慢慢将这个行业带向更高的水平。要让行业有更高水准,一定绕不过科技和文化,绕不过美学。

何伊凡: 侯总,你怎么看待这个问题?在啤酒旧世界,即使是头部企业,也不太关注美学表达。

侯孝海: 我认为这与经济、产业发展阶段有很大关系。

在过去紧缺年代,有就已经不容易了,谈不上好,更谈不上美。改革开放后,中国啤酒产业进入爆发期,这一阶段主要是满足消费者对啤酒"有"和"更多"的需求。当产业进入质量发展阶段,消费者对好、美有了更高的追求。这是一方面原因。

另一方面的原因在于,中国啤酒产业完全放开后,国内市场的竞争十分激烈,企业、品牌、消费者、经营理念等经历了很长时间的学习和探索。彼时,产业还没有发展到特别高的水平。在当时的市场环境中,企业追求的是把规模做大,以免被别人"干"掉。

如今中国啤酒产业在规模上已没有太多发展余地。与此同时,随着经济和消费水平的提高,消费者开始追求好、美。这时,企业对美开始有了更多关注,重新部署关于美的战略。

近几年,酒业才开始提出美学,因为它是时代发展的产物。现在真正到了美学时代、美酒时代。

何伊凡: 我参观沙洲优黄文化园中的酒窖时,有个疑问:黄酒和日本清酒同源,为什么清酒能够成为一种国际化的酒品,无论是市场份额还是国际化程度,都比黄酒更高?黄酒和清酒的差距在哪里?

黄庭明: 一个产品走向世界,有很多要素。

有一句话说,"母以子贵,子因母荣"。当一个国家的经济和文化对外有更多展现时，这个国家的产品也会被推广出去。经济的发展会带动一系列产品和文化的向外辐射。

此外，清酒和黄酒虽然同宗同源，发酵方式和原材料都相似，但黄酒用曲，风味更多，清酒不用曲。风味多，是优势，也可能是劣势。

黄酒能走到今天，一定有其优势，它有璀璨的文化做背书。但为什么没能像清酒那样发扬光大？这既有经济文化对外辐射的因素，有清酒产品质量的因素，也有黄酒行业本身的因素。

作为黄酒从业者，我继承传统，同时也反传统。我希望能保留传统中优秀的部分，去除该去掉的部分。过去 20 多年，沙洲优黄改变了很多黄酒传统，比如对酿造过程中一些不干净、粗糙的部分，一些坏习惯，我们都一一剔除。

既要继承，又要发展。在改革道路上，也许还有一些需要改变的地方，我们没有看到，希望同行能发现。这需要行业的共同努力，发扬黄酒的优势，争取把黄酒带入一个新的发展阶段。

何伊凡： 侯总如何看待中国酒与国际酒在国际化上的差距？白酒和威士忌，也面临黄酒和清酒一样的问题。

侯孝海： 国际化的问题，实际上已经超越了美学表达的范畴。国际化背后的根本因素，是国家民族文化能否具有优势，成为全球性的文化。无论是黄酒的国际化，还是中国啤酒的国际化，都必须仰赖于一个更大的前提，即国家、民族文化成为全球性的文化。

食品饮料是最有文化的品类，它们被接受，前提是民族文化、国家文化被接受。如果没有这个前提，国外的消费者不认识，也不愿意接受我们的产品，他们会感到不安全。

当然，我们产业自身也要努力。中国酒类产业有自己的特性，传承了千百年，在根据时代需求进行创新时，可能有时做得不是很到位，这也使得我们的品类与国际化品类的发展有一定差距。

此外，中国白酒风味极其复杂、极具多样性，酿造过程中的工艺和技术更抽象化，这是中华文化的抽象、朦胧的特征带来的，也给国际交流造成了一定阻碍。国外的人很难理解白酒到底是怎么制作出来的，它过于传统，以至于国外的人很难接受。这就需要我们在传承的基础上，通过科技、研发、创新，以及新世界的表达，逐渐让白酒与世界相通。这需要一代代从业者去迭代、改变。

现在中国，无论是啤酒还是白酒，在国际化中遇到的更大问题是，我们产业的发展和繁荣程度与欧美还有一定的差距。我们今天走的很多路，是别人100年前就走过的。我们还需要迈过一些坎，经过改革和传承创新，可能在两三个时代后就会完全不一样。

真正的极限运动是做企业

何伊凡：黄总曾说过，如果不创新，沙洲优黄早就死100次了。这背后一定有很深的感触，有很多血泪教训。

黄庭明：行业发展越来越集中。中国以前有800多家黄酒厂，现在纳入国家统计的可能只有80家，其中有规模的不超过8家。从800家到有规模的8家，淘汰率太高了。

财经作家吴晓波先生说，中国的民营企业家都是幸存者。我为什么能成为幸存者？就是因为创新。创新不外乎科技创新，科技创新服务于质量、服务于工作效率，这是利润来源的根本。你得先活下来，才能有下一步的发展。

一个是市场，一个是时代，在倒逼我们不断创新。20多年来，我们在黄酒界做了很多创新，工作效率提高了 20 多倍，人均效益有了大幅提升，产品品质日新月异，同时将产品与营养学、健康学结合起来。我们在科技、制造及文化上都做了不同的创新。否则，我们真的已经死 100 次了。

何伊凡： 黄总做这么多的创新，是因为一开始没有抓到一把好牌。侯总在别人眼里，一开始是抓了一把好牌的。华润啤酒的基础好很多，为什么也要做那么多美学、文化方面的创新？

侯孝海： 中国啤酒行业是一个高度市场化、竞争激烈的行业。市场不相信眼泪，只相信胜者。你必须在激烈的市场竞争中打败对手，否则你可能会从一流企业沦落到三流。啤酒新世界的生存法则之一，就是要有独特的核心竞争力。

华润啤酒看似很大，但如果失去创新发展能力，在激烈的市场竞争中掉队，就可能会被时代、被产业、被对手甩下，退出历史舞台。创新是啤酒新世界竞争中的重要能力。这也是华润啤酒要在产品和文化上做创新的原因。

过去，华润啤酒已经构建了与中华优秀传统文化相结合的系列产品矩阵，比如醴、脸谱系列、匠心营造等。这些产品将中国传统的酿酒文化、戏剧脸谱文化、建筑文化与品牌结合起来。这既是时代的要求，又是企业生存的必然选择。

我们的白酒也是如此。景芝、金种子、金沙，如何做好这三瓶白酒？还是要走创新之路，走文化发展之路。

何伊凡：现在大家都开始"卷"文化，不同的酒企都在讲自己的文化故事。我们反过来看，什么样的文化、美的表达，是虚假的创新，是用户感知不到的？

黄庭明：任何事物，如果停留在概念上，就很抽象，必须要有载体。美学也有载体，比如，原材料的美，生产基地的整洁、安全，运输物流的标准化，生产厂房的园林化，产品的优美，这些都是具象的，最终会转化为产品的厚度，转化为销售额——消费者的钱包会投票。

美，似乎很抽象，实际上它是具象的。把抽象的东西落地，可能会有1000个要素，我们要一个一个地落地，可能从一个杯子、一个商标、一个厂房、一条流水线开始，对这1000个要素，都要慢慢赋予它们美。这需要一个过程，不断优化。

何伊凡：美的能力，实际上是把美具象化，把它拆解开来，最终呈现在业绩上。如果不能呈现在业绩上，那可能是一种走偏了的美。侯总怎么看这个问题？

侯孝海：我认为美学是分阶段的，现在中国酒业还处于美学的初级阶段。大家愿意在品牌、设计上，在用料及酿造过程中体现美，我认为这都是好事。在初级阶段，不怕多，这说明大家开始重视美，去寻找、探索美，这个主线是值得鼓励的。

当然，风险在于：第一，你的美没有落脚的地方，是悬在空中的，这就比较危险，至少效率低；第二，你的美是单向的，不够完整；第三，你的美是割裂的，与品类、消费场景难以打通。

这是一个过程，也许在经历过第一阶段之后，第二阶段会更好。美做得好不好，最终还是要由市场、消费者、时代来检验。

何伊凡：两位平时都有一些个人爱好。黄总是冲浪高手，侯总喜欢跑步。

我想请两位谈谈,爱好与创业有没有相通的地方?

黄庭明: 我是国际冲浪教练,而且在中国锦标赛中拿过名次。中国企业家很辛苦、焦虑,压力大,每个人的解压方式各不相同,我的方式就是运动和做菜。冲浪实际上是一种情绪宣泄、解压的方式。

解压方式很多,我为什么选择冲浪?我认为选择与产品有相似性的解压方式比较好。我们的产品要有美学、要时尚,同样都是运动,为什么不选择更时尚的冲浪运动呢?

塑造一个品牌需要很多要素,从业人员的行为也是其中之一。我们公司要求,所有业务员不许在外面打牌。如果业务员今天酒驾、明天打牌,这个品牌就会"烂"掉。高管、职业经理人也是如此,他们的行为会为品牌背书。这也是我们选择爱好的动机之一。

当然,我本身爱浪迹天涯、爱玩好动,冲浪比较符合我的性格。

何伊凡: 它是一项危险运动吗?

黄庭明: 它有一定的危险性,从事冲浪必须经过专业训练,每年也有很多人员因冲浪伤亡。我参加的规模最大的一次比赛是在台湾海峡举行的锦标赛。那次风浪很大,到第三轮我就退出了,因为风险很大。那是我最接近死亡的一次比赛。

不过,冲浪没有做企业恐怖。人们常说,商场如战场。事实上,这句话不对,商场的死亡率远高于战场。世界上的大规模战争,死亡率最高到20%,商业的死亡率远不止于此。

吴晓波说,97%的初创企业会在18个月里死去,中国只有6%的企业能活过10年。这就是我为什么去冲浪。同样的心惊胆战,风浪可以帮我排解部分压力、恐惧。

何伊凡： 真正的极限运动是做企业。侯总，跑步与创业有什么相通之处？

侯孝海： 我的爱好，一个是跑步，另一个是爬山。人在工作状态中很累，压力大，就需要靠运动来调节身体状态，减轻压力。

跑步、爬山，与做企业是不是有一定的关系？我认为有。这两个运动都有一个特点，就是能看见很多美的东西。我喜欢看美景，到达更远的地方。

我的爬山成绩在团队中还不错，因为我愿意去挑战，爬得更远、更高，这样能看到更多不一样的景色。跑步也是这样，每天早上跑步，在湖边、在树林里呼吸新鲜空气，让自己看到更多景色。

爬山、跑步的这种心态，也体现在我对事业的追求中。我在经营企业的过程中，会不断地给自己设立目标，到达一个点后，我总希望自己再继续往前走。

第 7 章
新世界之资本提效力：
新世界需要怎样的认识论和方法论

——华润啤酒侯孝海对话宋志平

对话人
宋志平

宋志平是中国上市公司协会会长。他经营企业 40 年，曾把中国建材集团和国药集团两家央企双双带进世界 500 强。他还将在企业实战中积累的经验和对企业管理的深入思考凝聚成文字，至今已出版超过 20 本企业经营管理方面的专业书籍。

精彩观点

- 一家企业的成功，首先是战略的成功。
- 有时候最难的，不是做什么，而是不做什么。
- 过去我们开工厂是发展生产力，现在关工厂还是发展生产力。
- 中国改革开放40多年了，有了一批世界一流的中国企业。
- 认识论和方法论的结合，即理论和实践的结合，是突破"内卷"的关键。
- 当这个工厂正冒着烟，啤酒哗哗往外出，有两三百个工人在忙活，说明天就把它关掉，进行"剪枝"，这很困难。
- 企业的成长逻辑是分阶段地长，但不能盲目地成长，不然它会像树一样长疯了，枝叶很茂盛，但是不结果实。
- 最担心的其实是，我们组织形成已经很长时间了，组织结构变得僵化。
- 企业文化最重要的塑造者和坚守者是一把手，企业文化的最大敌人也是一把手。

商业世界存在新旧之分

何伊凡： 今天要探讨的话题是商业新世界需要怎样的管理思维。新旧世界的概念我们讨论过很多次，我们认为新世界和旧世界并非泾渭分明，而是判断问题的一个重要维度。在新世界中，我们不能依赖旧的思维逻辑和思维模式来解决问题。所以宋会长，你认为商业世界有新旧之分吗？

宋志平： 当然有。商业世界看起来是连续的，但每个阶段都有每个阶段的特点。特别是当前，我们所处的环境与过去相比发生了巨大的变化，包括新技术的涌现、新经济的发展，以及客户群体和我们的认知等都发生了变化。

这自然对企业的经营和管理产生了影响，包括企业如何确立新的战略，如何调整管理、销售、市场、服务等各个方面。

新世界是存在的。第一，观念和以前不一样了；第二，新的技术层出不穷；第三，新的商业模式变化很大。所以企业就需要适应这些变化，而不是让这些变化来适应我们。这个话题提得非常好，能够激发做企业的同志们进行深度思考。

何伊凡： 当我们谈论新世界时，可能需要新的战略。宋会长最近出版了一本新书《经营30条》，当中把战略放在了一个非常重要的位置。近几年华润啤酒也做了很多战略层面的调整和变化，我相信侯总对此有深刻的体会。你是否认同宋会长所强调的战略对企业的重要性？

侯孝海：非常认可。企业的战略选择和规划实际上决定了企业未来走什么路、怎么走、走去哪。

华润啤酒在发展过程中经历了多次转型，每个阶段面对的环境和产业发展模式都有所不同，因此，每个阶段的战略都进行了相应的调整。

可以说，一家企业的成功，首先是战略的成功。如果战略错误，那么企业越是快速发展，风险反而越大。相反，即使发展速度较慢，只要战略正确，企业就能够稳步前进，最终接近成功。因此，我特别认同，战略是企业最重要的事项之一。

战略是一种取舍

何伊凡：宋会长，你在书中提到"战略是一种取舍"，取舍对企业来说是很难的，有时候是一个终极判断。你为什么强调这一点？

宋志平：战略说白一点是研究"做什么"的学问——做什么，同时不做什么。我们说"取舍"，"取"相对容易，但"舍"不太容易。这是定战略时的一个难题，因为环境变化要求你有取有舍，要求你放弃一些东西，而且放弃的往往是过去比较熟悉或很留恋的事物。

但有时候企业的发展要求你学会放弃。我在做企业面临放弃一些业务的时候，有干部就找我，说"宋总，你不要我们了"，我说其实不是，可能他们干的工作在别人的公司里是主业，但放在这个公司里就只是辅业，得不到很人的支持，保留这个业务反而不利于业务长期的发展。

有一次我在法国与当时同为世界500强的圣戈班董事长交流，我问他："你做了20多年董事长，主要做了什么？"他说，主要是收购了约700家企业，卖掉了约700家企业。这对我触动很大。

以中国建材为例，过去公司做了大规模的水泥企业重组，但其实也放弃了不少的企业。这种"收"和"放"都是沿着战略方向的。战略是一种取舍，有时候最难的，不是做什么，而是不做什么。

何伊凡： 刚刚说到取舍的时候，相信侯总肯定心有同感，当时你也做了大量的减法。

侯孝海： 对我们这种传统产业公司，特别是发展了很长时间的公司来说，说实话，"舍"什么更重要。一般情况下，都不舍得放弃东西。因为熟悉，企业有这方面的基因，就会不懂为什么非要舍弃，往往会认为做不好只是暂时的。所以舍去一个方向或者业务，内部的争议会比较大，这挑战着企业家的魄力、担当以及说服能力。

雪花啤酒经过30多年的发展，已经连续十几年全国销量第一，2008年就成了全球单品销量第一的啤酒品牌。然而，在2012年至2014年间，我们面临一个重大决策：是继续取规模，还是放弃主流啤酒、取价值和档次更高的啤酒？

当时，因为消费升级，整个产业的经济型啤酒市场正在萎缩，中高端啤酒市场迅速增长。而华润啤酒过去都是以收并购企业、规模发展为主，把经济型啤酒做成了全国第一。当时取什么、舍什么，对我们来说，考验非常大。

经过团队认真研究,我们决定取中高端酒,它是未来和发展趋势。远方的目标才是战略,如果我们继续固守规模,那不是战略,只是为了选择新战略而采取的一个守势而已。

还有一个取舍,是关于舍去落后产能的。过去我们收并购很多企业,最多时有98家啤酒厂,但随着经济从规模发展向高质量发展转变,生产的作业方式跟以前不同了,它需要集约化、大工厂生产,也就是说,需要关闭一些产能富余、装备落后的工厂。

这个决策压力更大——对于取中高端酒的发展方向,大家很容易达成共识,觉得这是未来、这是消费升级的趋势,但是把我们苦心经营二三十年的工厂关闭掉,阻力就很大了。员工不理解,当地政府很难说服,股东会觉得是公司经营出了问题。

我们从2017年开始规划,7年的时间关掉了40家工厂,关闭了500多万千升低效产能。这使得整个公司的生产效率都得到了快速提升。所以"舍"也是当时很艰难的一个战略,我们说产能优化战略是怎么来的,就是一种战略取舍的成功。我们清楚了解到需要舍掉,坚决地把它舍掉,才有今天华润啤酒这么好的产能发挥率。

是认识,也是方法

何伊凡:谈到取舍这个问题,它是认识,实际上也是方法。

宋志平:是的,首先是认识问题。如侯总所述,过去,我们依靠规模扩张和成本领先，也就是大规模、低成本、低价格来占领市场。然而，经济发展，以及大家对中高端产品的需求，要求企业转型。

华润啤酒关闭了40家工厂，在水泥行业，也经历了类似的转型过程。我对大家说，过去我们开工厂是发展生产力，现在关工厂还是发展生产力。不关不可能提高企业的产能利用率，也不可能实现集约化、智能化生产。这样的"舍"看似是在退，实际上是在进。

但这只是认识到这一点，实现它的方法并不简单。比如关掉一个工厂，员工怎么安置、债权债务怎么处理，过程中会涉及各种利益矛盾等一系列复杂问题，还需要一套可行的方法。

何伊凡：在电影中，我们经常看到"拆炸弹"的过程，要么剪蓝线，要么剪红线，很简单，但现实商业世界要复杂得多。我看了宋会长的两本书，《三精管理》和《经营30条》，前者似乎更侧重于方法论，而后者更侧重于认识论。

宋志平：是的。这两本书都是写给企业管理者，尤其是年轻一代的企业管理者的。《经营30条》主要围绕认识论展开，探讨如何看待战略、创新、经营、管理、改革和文化等理念问题。《三精管理》则介绍了三个"精"——组织精健化、管理精细化、经营精益化，并进一步细化为12个方面的48种具体方法，这是一套具体的方法论。

日本管理中常讲的"工法"就是方法，我们学习管理不能只学理论，更要能落地。例如，日本提出的5S管理法——整理、整顿、清扫、清洁、素养，就是归纳了一套具体的方法，让每个人都知道如何操作。因此，企业管理既需要解决认识论问题，也需要具体的方法论。

这两本书是基于我多年的经验和观察创作的。我认为,中国的企业界,特别是年轻一代,需要理一理思路。因为这些年我们读了很多外国的管理书籍,如德鲁克、明茨伯格、稻盛和夫等的书,这些书都很好,但中国改革开放 40 多年了,有了一批世界一流的中国企业,所以应该总结我们自己的经验,包括教训。这是我写作的根本原因。看到这些书籍逐渐发挥作用,我感到非常高兴。

何伊凡: 侯总,你怎么看待认识论和方法论?

侯孝海: 宋会长的两本书涵盖了"知"与"行",不仅知其所以然,还要知道怎么落地,打通知行合一的路径。

现在做企业面临两个主要问题:一是很多人对战略、组织、文化这些核心问题理解不清,缺乏理念指引,很容易迷路;二是即便有一整套的愿景和理念,但在实际操作中却不会做。

有一点我很认同,中国的企业和商业需要有自己的"知"和"行",有自己的认识论和方法论。

何伊凡: 在探讨新世界话题时,我有一个感受,往往大家对新世界的认识很到位,都知道要以新世界为基本的思考逻辑,但有时候对方法论的认知却不到位。我知道西天在哪,但取经路上还有九九八十一难。不知道侯总有没有这种感受?

侯孝海: 确实,大家都意识到世界正在变化,需要调整以适应新的发展趋势。问题在于,大家不知道如何去做才能顺应世界发展,企业战略和组织架构怎么定,商业模式怎么变。

在一个新世界里,战略、组织和文化,可能都需要重塑。但对于许多中小企业来说,由于缺乏经验,它们面对商业的变化,很慌张和无助。因此，我认为目前缺乏的是方法论。

何伊凡： 宋会长怎么看？你接触了这么多企业，觉得大家在哪方面更欠缺？或者其实从管理哲学角度来说，方法论和认识论有时候是阴阳两面。

宋志平： 目前可能都存在挑战。面对一个新世界，虽然大家都意识到了环境变化的存在，但对于变化的本质是什么、哪些变了、哪些没变等深层次问题，还需要更深入的分析。当对问题的认识清晰后，据此研究出相应的方法论。

我们今天探讨的认识论和方法论，是一个非常关键的议题。它们指导我们如何认识新世界、适应新世界，认识到了之后如何再做得更好。将认识论和方法论结合起来，对于企业在新世界中的发展至关重要。

蓝海是新的战略

何伊凡： 除了看宋会长的书之外，企业该如何打开认识论和方法论？

宋志平： 过去我做了40年的企业，做中国上市公司协会会长也有4年多时间，走访了200多家上市公司，还去了一些大型央国企、民营企业，所以我写的不仅是过去的经验，也包括了最近几年对企业的观察。

比如，这次我参加佛山的中国陶瓷品牌大会，瓷砖也是一个很"内卷"的行业，但一些企业表现出色。像简一公司，它专注于高品质大理石瓷砖，不以低价竞争，而是通过品牌、设计和质量赢得市场。新明珠集团通过不断的创新，推出新产品，实现差异化竞争。鹰牌集团则结合整个住宅产业化的趋势，拓展了"瓷砖+"的业务模式。

环境确实变了，如果按照原有的思路，无非是打价格战、"内卷"，但如果改变一下，通过创新和战略调整，企业也能开拓新的成长路径。大部分企业失败的原因就在于它们总是用过去成功的经验，这个经验20年前让你成功了，但今天你再沿用这个经验就有可能失败。方法的真正来源是企业的实践。

华润啤酒也是如此，首先认识到现在和二三十年前的环境、客户群体、需求都不一样了，还按照20年前卖啤酒的方法不行了，认识到这些之后，通过战略调整，适应了新变化。

华润啤酒的问题，也代表着在一个新世界里很多企业面对的共性问题。我们以前总讨论如何从红海到蓝海，红海是你死我活的价格竞争、"内卷"的海。蓝海是有了新的战略，做差异化、细分市场、创新等，走到一个远离"内卷"的新世界的海。

华润的做法就是在创造一个新的蓝海，不是简单地和中低端的啤酒厂竞争，而是自己迈向了中高端，靠品牌、靠质量、靠品种、靠文化等，构建一个新的海。

何伊凡： 从红海的零和博弈过渡到蓝海的正和博弈是一个过程。啤酒行业的"内卷"现象可能比瓷砖行业更为严重，侯总，你是如何走出一条突破"内卷"之路的？

侯孝海： "内卷"产生的原因就是同质化——同质化的产品、同质化的商业模式和同质化的战略。过去啤酒行业同质化非常严重，不同品牌的啤酒在原料、工艺上差异不大，导致激烈的价格战。

如何突破"内卷"和同质化？我们首先分析了产业发展的趋势和消费者个性化需求的变化。我们发现，消费升级后，年轻人对啤酒的颜值、品质、文化属性、精神属性有了更高的追求。在场所上，他们不仅需要适合夜生活场合的啤酒，也需要适合大排档的啤酒。

基于这些认识，我们研究消费者的个性化需求，探索新的发展路径。我们认为，中高档酒的发展和产品品质升级是重要的方向；品牌化和品牌年轻化更适应未来；随着国潮的兴起，中国品牌会有更强的品牌力和竞争力。

所以我们通过转型突破了"内卷"，构建了一个新世界的理念和认识，然后不断去实践，去做战略转型，与喜力®啤酒合资推出了年轻的品牌，这些都是我们在实践中的尝试。我们认为，认识论和方法论的结合，即理论和实践的结合，是突破"内卷"的关键。理论来源于实践，而实践又是对理论更好的执行、验证、补充和完善。

华润啤酒有一个核心理念，即"从业务中来，到业务中去"，这是我们一个特别的文化。只要能够正确地认识问题，并通过实践不断修正自己的理论，我们就能更快地摆脱"内卷"，找到新的发展机会。

过去剪彩重要，现在"剪枝"更重要

何伊凡： 我们发现有些认识论实际上是商业常识，但理解这些常识并不简单。例如宋会长在书中多次提到"剪枝"，这个词许多人难以理解，因为它涉及一些挑战——大家都喜欢浇水和施肥，因为这很快乐，但剪枝很痛苦。这不仅涉及认识，也是方法问题。

侯孝海： 剪枝比种树难得多。华润啤酒在战略转型中面临了关闭工厂的难题。我们过去擅长买厂或者说整合工厂，对建设工厂的流程非常熟悉，从选址到投资，再到设计、施工、试运行，直至生产，这些建设工厂所需的能力很强、执行速度很快。

但当这个工厂正冒着烟，啤酒哗哗往外出，有两三百个工人在忙活，说明天就把它关掉，进行"剪枝"，这很困难。每个"枝"都不愿意被"剪"，到底"剪"谁，也需要整体战略规划、数据分析来支撑。

再一个，怎么"剪"？明天把厂门一锁，肯定不行，我们需要考虑的问题更复杂：如何与员工沟通？如何制定安置政策？如何处理资产和债务？如何与政府沟通？这些问题都需要具体的解决方案。

我们在关闭工厂的过程中，制定了一本《关厂手册》，这本手册很具体，包括了员工福利、政策、资产处置、政府谈判策略、土地处理方法等一系列内容。

这个手册的来源就是我们的实践。从关一家、十家、二十家工厂的实践中学习，并逐步形成一整套具体的操作指南，帮助我们更有效地进行"剪枝"，从而推动公司的战略转型。

何伊凡： 宋会长在水泥行业也进行了大量的"剪枝"工作，应该有很多感触吧？

宋志平： 我在插队的时候做过农业技术人员，对剪枝比较熟悉。企业的成长逻辑是分阶段地长，但不能盲目地成长，不然它会像树一样长疯了，枝叶很茂盛，但是不结果实。

所以一方面要让树成长，另一方面还得让它按照一定的方向成长，于是出现了剪枝。像苹果树、桃树，在冬天来临之前都要剪枝，第二年才能硕果累累，如果不剪枝，就会出现很多分权。

剪枝中的一个原则，是保留主枝干。企业也是如此，我们做取舍的时候，也得研究，哪些是代表企业的战略方向的，哪些形成了今天的出血点，再来进行"剪枝"。"剪枝"不是简单的有枝就剪，而是按照战略来进行调整，围绕主责主业、企业所需。

剪树枝比较容易，咔嚓就剪完了。剪企业的枝不容易，像刚才侯总讲的，涉及员工、社会各种各样的利益相关者。侯总提到的《关厂手册》，我觉得很有水平。过去，我们干了20多年建设和收购工厂，后来的主要任务变成了关工厂。

这是今天讨论的一个挺重要的话题。因为当前中国，许多行业都面临供大于求的问题，大家都舍不得关，认为好死不如赖活着，但其实该退出的时候要退出。尤其是一些落后产能，大企业应该带头退出。这是我们今天无法回避的。

我们需要认识到，关闭工厂并不意味着经营失败，而是一种战略调整。

何伊凡： 提炼一下两位的说法，现在处于从"剪彩"到"剪枝"的"双剪时代"，原来"剪彩"很重要，现在"剪枝"很重要，原来只有一把剪刀重要，现在两把剪刀都重要。

组织的知行合一

何伊凡： 当认识论和方法论能够合一的时候，它会充分激发一个组织的活力。如果其中有任何一个不到位，都会出现问题。侯总，华润啤酒是否出现过业务跑在了组织前面、两者脱节的情况？

侯孝海： 在我们公司的发展中，两种情况都出现过，尤其是在新兴业务的发展中，如现在的 O2O 到家服务的发展中，会出现业务在前、组织在后的情况。这些业务的发展速度非常快，有时组织结构难以跟上。但这种情况问题不大，我们有足够高的市场敏感度，能够迅速调整组织结构来支持业务的发展，甚至更长远的，通过组织重塑来超前布局。

最担心的其实是，我们组织形成已经很长时间了，组织结构变得僵化，它的整个管理模式、管理流程制度和管理习惯已经成形，而市场形势发生了很大变化，需要我们进行战略调整，这个时候你的组织无法跟进，这是最大的问题。

我们不怕有新兴的业务，业务有带动性，能带动组织发展。但是战略带动组织发展对企业来讲难度就很大，因为战略要转型了，一般来讲组织都跟不上，因为第一不认同，第二不愿意转变，第三即便变了能力也跟不上。这些都是很大的考验。所以华润啤酒在战略转型当中，面临的最大挑战就是组织的不适应、跟不上。

宁高宁总在华润时，定了"战略—组织—文化"这么一个循环，他很早就对华润的经理人说，战略决定组织，组织决定文化，文化同时反过来支持战略。如果战略发生变化，必须通过组织的重塑来实现。

因此，华润啤酒在新战略实施之初，就已经对组织进行了两次转型。战略是最重要的，组织是第二重要的。实践当中我们是这么认知的。

何伊凡：如果战略到了新世界、业务到了新世界，而组织能力还停留在旧世界，这种脱节很危险。宋会长，你如何看待战略和组织之间的关系？如何确保战略和组织之间不会脱节，形成两个正向飞轮？

宋志平：大的企业管理，系统来讲，实际上是三件事：战略、组织和管理过程。

战略是第一位的，即选择做什么和不做什么。当战略发生变化时，组织变革必须跟上，否则就会出现问题。帕卡德定律讲，人才成长速度跟不上企业成长速度，企业可能就会衰败。这个"人才"就是组织。刚才说的，业务发生了转变，组织不能够重塑来适应，就会出问题。

这就是我们为什么把战略放在第一位，紧接着是组织。组织要跟着战略调整。也有人讲，21世纪的竞争是组织质量的竞争。

刚才提到组织如何适应战略的变化，我认为领导者在这一过程中扮演着关键角色。他本身是战略决策者，还要给大家布道，确保团队理解并执行这些战略。

有人曾问我，做了18年央企领导，主要工作是什么。我说就三件事：第一，制定战略；第二，选人用人，要找有执行力的、能够理解战略的人，这也就是组织建设；第三，建立文化，也就是刚才讲的布道。我做企业这么多年，很少拍桌子瞪眼睛，基本上是循循善诱，给大家把道理讲清楚，让大家理解战略的意图，才能步调一致。组织问题的关键是领导，领导工作的关键是做思想工作。

文化定江山

何伊凡： 当你说服他之后，就不需要你盯着他，组织会产生自驱力。这引出了我们下一个话题：文化。文化通常被视为企业的核心，但往往被物化为墙上的标语或口号。当然需要有这些动作，但这些并不是文化的精髓。文化当中的认识论和方法论是什么，怎么结合到一起？

宋志平： 在《经营30条》最后一篇中，我详细讨论了文化，其中提到"文化定江山"：一个企业，表面看起来有厂房、有土地、有设备、有产品、有现金，但实际上最底层的是文化，企业的文化逻辑是企业的底层逻辑。

文化是什么？我常常去想这个问题。文化是涌动在员工心里的精神原则和集体的记忆。到底我们这一伙人信奉什么、反对什么，这是最底层的文化。而组织的领导者，恰恰是文化的制造者。我做企业这么多年，大家有时候问我："宋总，你觉得企业里最重要的是什么？"我回答：最重要的是人，人最重要的是人心。

在我领导国药和中国建材时，我管理了超过40万人。企业小的时候，可以靠言传身教。但成了一家大企业，几十万人一年见不到你一次，你靠什么去领导他们？就是靠文化。建立起来一个能够把这么多的人聚集在一起的文化，非常之重要。

1993年，当我成为北新建材厂厂长时，我面对的是国企的困境和员工的冷漠。我问员工如何激发他们的热情。他们告诉我，已经很多年没有涨工资或分到房子了。为了激发员工的热情，我在工厂前挂起了两个气球，上面分别写着"工资年年涨"和"房子年年盖"。我希望通过这些行动点燃员工心中的火。

我是那家工厂13年来的第8任厂长。这家工厂尽管拥有先进的进口设备，但在我上任之前的10年里，连一半产能都发挥不出来。然而，在我担任厂长的第二年，我们就超过了目标产能。我也问自己，我与前任厂长们有什么不同？当时我的学历、资历都不如他们，后来我意识到我的优势可能在于，比他们更洞察人心。

文化紧紧围绕着人，文化的核心就是以人为本。有了强大的文化，企业就能有一个健康的发展。如果企业文化不好，它一定会倒下。

何伊凡： 宋会长刚才对文化进行了非常具体和生动的描述。侯总，你在文化建设当中遇到过哪些具体问题？

侯孝海： 我非常认同宋会长的观点，企业的核心是人心，企业文化实际上是人心的集合。

在华润啤酒的转型期，我们经常说的一句话是"我们在一起"。无论是管理者还是一线员工，我们的心要团结在一起。

我们还认为，文化应该发掘员工的价值。我们推崇什么、反对什么，要描述出来。文化是企业的一个选择，它决定了我们选择什么样的人、放弃什么样的人。

此外，文化是扎根在企业发展中的有利的因素，能成为企业的灵魂。例如，华润啤酒在过去发展中有一个重要特点是深入一线市场，"打起背包就出发"，这种精神和记忆成了我们文化的一部分。

我们关注企业文化，希望通过文化建设，让员工和企业有一种精神向导，明确对错，识别哪些行为能够带来成功、哪些可能导致失败。我们希望文化能够引导管理者和团队，而不是被个人的独特性所左右。

因为中国企业的历史比较短，我们经常受到一把手的影响。企业文化的传承之所以面临着挑战，是因为不同的管理者可能对文化有不同的理解。因此，文化的持续和稳定传承是一个重大的挑战。

很多企业的失败实际上是文化的失败，而文化的失败最重要的原因是管理者的更替，特别是对目前还没有拥有走向全球的核心竞争力的企业来说，企业常常会被管理者的性格、作风、对产业的理解，以及个人的胸怀、情怀和品质所影响。

企业文化最重要的塑造者和坚守者是一把手，企业文化的最大敌人也是一把手。

何伊凡：这个总结很精要，宋会长认同这一点吗？

宋志平：侯总刚才谈到的一个核心问题是企业文化的延续和传承，而文化在传承过程中有可能遇到风险。正如杰克·韦尔奇先生所说，选择继任者是企业家面临的终极拷问。这就说明选继任者有多么艰难。

所以企业的传承，对于国企和民企来说，都是一个重大挑战。有一天有人问我：给中国建材和国药留下的最重要的东西是什么？我的回答是以人为中心的文化，这是我教给他们最重要的东西。

企业应该继承并发展这些优秀的文化。当然，文化也在不停地发展，不能说继任者就可以不创新，一定是继承和发展。

把投资者当"老板"

何伊凡：文化的形成是一个从固化到优化的过程。最后一个问题，华润作为上市公司，对资本市场有深刻的理解。宋总是中国上市公司协会的会长，侯总对于如何发挥资本在上市公司中的协同或促进作用，有没有相应的问题想和宋会长交流？

侯孝海：作为上市公司，我们对融资的需求不大，毕竟我们是一家现金流和利润比较好的公司，但整个市场监管的规范和公众利益的关切，对我们影响较大。有个问题是，资本市场波动很大，投资者对公司有许多期望，有时可能跟企业的出发点不一样，如何处理与投资者之间的关系，以及如何应对市场的波动？

宋志平：上市公司与非上市公司的最大区别在于上市公司是公众公司，更加透明。投资者进入企业，他们是股东，我们必须意识到这一点。

为什么我们鼓励上市公司更多地举办业绩说明会，进行路演和反路演，多与股东进行沟通？因为在企业发生重大变革时，股东们的利益诉求确实不一定能够达成一致，这恰恰是经营者所要做的工作。过去我在中国建材，每一年会去参加两次路演，给投资者讲清楚公司的故事。投资者既然买了我们的股票，对公司有严格要求，他们的意见和建议也可以帮助我们改进工作。

这些年我感觉，和投资者沟通是上市公司发展中非常重要的事情，我们要树立以投资者为本的理念。

中国资本市场虽然只有30多年的历史，但它支持了中国经济的发展，也支持了中国企业的发展。去年，我国5300多家上市公司的营业收入占到了中国 GDP 的近 60%，所以我们要看到资本市场对我国经济做出的巨大贡献。

如何解决中国资本市场面临的问题，如何构建一个健康的资本市场？上市公司作为资本市场的基石，扮演着至关重要的角色。我们 5300 多家上市公司需要共同努力，提升上市公司质量，通过良好的质量来回报投资者、活跃资本市场、提振投资者的信心。这是每一家上市公司责无旁贷的任务。

第 8 章
新世界之文化加持力：
酒文化创新"车行半步"

——华润啤酒侯孝海对话文化学者马未都

对话人
马未都

马未都是文化学者、观复博物馆创办人。他身上拥有众多标签。他是作家，曾出过多本著作，也是著名的收藏家，还是中国第一家私立博物馆创办人及馆长。他爱喝酒，称自己平生从未醉过，不过不是因为酒量大，而是能自我控制。2021 年，马未都成为华润啤酒超高端产品醴的文化大使。

精彩观点

- 白酒从酒型上看,吃亏之处在于它没颜色。
- 啤酒旧世界是一个物质满足的时代,啤酒新世界则是一个物质升华、精神满足的时代。
- 现在最重要的分层依据是,场景越来越多元化、个性化。
- 专业的酒收藏,对于一般人来说成本太大。
- 如果说白酒的文化创新走了一半的路程,那么啤酒才刚刚开始。
- 酒在中华文明中占有重要一席,这一席不仅仅是物质层面的,更重要的是精神层面的。
- 酒业的新世界和旧世界,新旧之间并不是那么绝对。有时候我们探讨"新"时,要向传统、向文化去寻找答案,这样才能够到达真正意义上的"新"。

白酒吃亏在没颜色

何伊凡： 今天,我们邀请到文化学者、观复博物馆创办人马未都先生和华润啤酒董事会主席侯孝海先生,聊一聊酒文化。

首先从一个小问题开场,两位平时都喜欢喝酒吗?请分享几个关于喝酒的小趣事。

马未都： 我年轻时就喝酒,什么门类的酒我都喜欢喝,只是不喝质量太次的酒。

啤酒,我年轻时候特能喝,都是整箱地喝。然后就是酿造酒,比如黄酒、米酒等。再就是果酒,比如葡萄酒。我年轻时候还喜欢喝一种桂花酒,特甜,那时候觉得好喝。

后来,随着年纪的增长,我开始喝烈性酒。我还算能喝,我曾对着镜头说过,平生没醉过,不是因为酒量大,而是能控制,我觉得不行了就不喝了。

何伊凡： 这一点其实很难做到。很多人喝得快不行的时候,反而越想喝。你的秘诀是什么?

马未都： 秘诀就是我的自控力。

我其实挺能喝的,到现在这个年龄,保守地说,半斤白酒肯定没问题。当然这也不算特能喝,但喝半斤能保证走直线、不失忆。失忆是醉酒的一个最重要的标准。高兴的话,再多喝三两也没事。

第8章　新世界之文化加持力：酒文化创新"车行半步"

何伊凡： 这么多年喝酒经历中，有过什么趣事吗？

马未都： 我年轻的时候在出版社工作，出版社有人进来、有人离开，肯定会有欢迎和欢送会，就一起喝酒。有一次，大部分人都喝醉了。那天我自个儿都特后悔，自己应该喝醉的，因为你会发现，当大家都醉了，那个没喝醉的人是很辛苦的，要把每个人都送到家。那天下大雨，有个同事醉得不醒人事，大雨中直接躺在马路上，我还得送人回家。

文人圈能喝酒的少，文人都碍着面子，但我比较能喝。我是说那时候能喝，现在不行了。我有个原则，喝酒没事，但不吹牛、不逞能。现在谁跟我说，我都说我不能喝，二两就行。

在中国社交中，喝酒是很重要的一项。俗话说"无酒不成席"，没有酒缺乏氛围。

侯孝海： 我是山东人，按说山东人挺能喝的，但其实我小时候不喝酒。第一次喝酒是上大学的时候，喝白酒，感觉特别辣，又喝多了，从此对白酒特别抵触。到大学毕业的时候，同学都要各奔东西了，那段时间我们喝啤酒喝得比较多。

后来进了酒业，做了啤酒、又做白酒后，酒喝得多一些，酒量见长，现在酒量大概是半斤白酒。

何伊凡： 中国酒文化与国外尤其是欧美酒文化，有很大不同。国外很多酒是办公室酒，也适合独饮。而中国人饮酒，具有很强的社交属性。酒的文化氛围是怎么形成的？

马未都： 酒有很多类别，有啤酒、果酒等。白酒从酒型上看，吃亏之处在于它没颜色。

白酒其实是个很年轻的词儿，中国过去叫它烧酒、烧刀子等。严格意义上讲，白酒不是白色的，是透明的。而三大烈性酒中，威士忌和白兰地都是棕色的。其实很多时候，威士忌的棕色是人工上色的，因为它颜色浅，但可以上焦糖色。

国外的酒为什么可以独饮，还可以在酒吧喝？我觉得很重要的一点是它的颜色，在灯光下能营造氛围。中国人长久以来形成了"无酒不成席"的文化，喝酒是佐餐用的。白兰地和威士忌两大烈性酒都可以在酒吧卖，但酒吧比较少能看到白酒。白酒还有一个问题——具有强社交属性，不适合独饮。我们虽然有"举杯邀明月，对影成三人"的诗句，但事实上，我们缺乏这种自斟自饮的酒，或酒吧酒。

不过这两年有了一些小小的改变，我比较喜欢华润啤酒所做的一些创新和改变。比如醴，可以简单理解为啤酒中高浓度的、最高档的酒，不仅可以独饮，还可以用来招待人。家里来客人，这瓶酒就正合适。

醴是中国人的待客酒

何伊凡： 说到醴，它是华润啤酒的一个创新产品。2021年，华润啤酒推出了醴。2023年，华润啤酒又推出了醲醴。产品的创新，其实重构了一个啤酒适用场景。

侯孝海： 对。醴是中国千年酿酒文化的一种传承，也是对中华民族酒文化的一个经典重现。醴酒其实是世界啤酒的发源之一。

我们的醴推出后反响很好，一瓶容量为999毫升，酒精度为8度，可独饮，也可两人对饮。在此基础上，2023年我们又推出醲醴，这是醴的升级版，酒精度比醴高，达到12度，麦芽浓度从18.8度提高至25度。醴储藏两三年没问题,醸醴的储存周期更长,可达5年以上。

此外,这两款酒的酒体颜色也不同,醴是琥珀色,醸醴比琥珀色更浓烈、红艳。两者的发酵方法也不一样,醸醴用了三段发酵法,品质大大升级。

醸醴和醴都是华润啤酒传承中国千年酿酒文化而推出的产品,也希望它们的推出,能够让中国消费者对中国酒文化有更多的认知,对世界啤酒的发源、中国啤酒的发展有更深的理解。

何伊凡: 马老师是醴和醸醴的文化大使,请您讲讲您是如何与醴结缘的。很多人认为啤酒是舶来品,但似乎并不是这样。

马未都: 中国人对啤酒的认知,其实才100多年。有一个冷知识,啤酒的"啤"字是生造的,这是个很年轻的字。

啤酒由德国人带进中国后,当时为什么被称为"啤酒"?就是根据"beer"音译而来的。山东人说"beer",就是"皮"。"beer"进入中国后,我们找不到对应的字,后来因为是入口的食品,按中国的习惯,就应该是口字边,再将脾气的"脾"换一个偏旁,就成了"啤"。

所以,"啤"就是100多年前为这种酒生造的字,在此之前汉字中没有"啤"字。

但大家都知道,啤酒是由麦芽酿制的,事实上中国人使用麦子酿酒的历史很早,至少要追溯到三四千年前,甚至五六千年前。一开始是自然发酵而来的,人类发现后才有意识地模仿,故意制造酿造环境来酿酒。当时的酒无非两类,果酒和谷物酿制的酒。

从中原地区仰韶文化的彩陶中提取的样本，就能证明五六千年前中国就已经存在醴酒。当然，因为"啤"是新字，从这个意义上说，醴不是啤酒，但是它同样是谷物发酵后形成的酒。先秦时期就有关于"醴"字的很多记载，这是中国存在这种酒的一个铁证。现在，它重新由华润啤酒推出。

随着年龄增长，身体自然变化，我已经很久不再喝很淡的啤酒。所以当时喝到醴，我就觉得口感特别好，第一反应是可以待客。在中国，家里用酒待客是一个很大的难题。与客人在客厅、书房聊天开什么酒？开威士忌、白兰地这样的烈性酒，负担大，万一喝多了也不成。醴就正合适。

何伊凡：所以它是中国人的待客酒，营造了一个待客的新场景。

马未都：对。而且它的各个层面都满足了待客的需求：首先在外观上就有氛围，器皿上，醴从酒瓶到酒杯的设计都很美，酒杯器型仿青铜觯；色泽上，醴颜色正好，如果是透明的，就缺少感觉，显得寡淡；度数上，醴的酒精度不会太低，也不过高，正适合朋友间聊天的场合；品质上，醴非常高级。

啤酒新世界的文化

何伊凡：侯总提出了啤酒新世界和啤酒旧世界的概念，其实是整个消费行业的新世界和旧世界。醴是典型的啤酒新世界的产品，旧世界是不是不需要这样一款产品？

侯孝海：啤酒旧世界主要解决有酒喝的问题，所以消费者都是踩着啤酒箱子喝"大绿棒子"，一瓶一瓶地喝，以喝多为傲。没有更多的场景和文化上的感受。

啤酒新世界对酒有了更多文化、价值、精神层面的要求。现在消费者喝酒要讲文化，看跟谁喝、怎么喝，关注酒是怎么来的。

应该说，啤酒旧世界是一个物质满足的时代，啤酒新世界则是一个物质升华、精神满足的时代。醴是我们专门为满足啤酒新世界需求打造的产品，场景更丰富，更有文化属性。

何伊凡：新世界和旧世界的变化，在产品上可能会体现得更显著，不过文化是一个缓慢转换的过程。酒文化存在新世界和旧世界的说法吗？或者说，近三四十年来，中国酒文化有很大变化吗？

马未都：其实侯总说踩着啤酒箱子、一瓶一瓶喝"大绿棒子"的时代已经升级了，在这之前是用塑料袋、暖壶装啤酒。

我在香港看过一档节目，特别有意思。它拍早年间的北京街景，市民手上拿着铝锅、暖瓶等各种容器在排队，问这是干什么的。香港人都不知道，回答不出来。我一看，这不是打啤酒吗？

后来塑料袋做得比较结实了，就有专门卖袋装啤酒的商店了。大桶啤酒直接灌到商店大缸里，咣啷咣啷，气都放了。但那时候觉得已经很不错了，有酒就行。

50年前，我十七八岁，下乡插队。我记得很清楚，当时啤酒3角9分一瓶，喝完把酒瓶拎到商店退回去，商店退1角5分。那时知青的生活已经很不错了，国家每人每天补助4角钱，喝2角4分一瓶的啤酒是很奢侈的。

瓶装酒的盖子是皱着的，我们那时候拿一个钉子，插进一个褶皱撬一点，再插一个撬一点，一点一点转着圈，盖了就松了。

打开后，也舍不得喝完，喝一半或者 1/3，再把盖子搁上去，拿砖头一拍，又密封了。

那时候没有冰箱，一些知青用网兜装两瓶啤酒，拴根绳，放进十几米深的深井里冰着，再把绳卡进井边的石头缝里，绑一个小木棍。有人为了喝别人的啤酒，半夜爬出去，把啤酒拎上来，用钉子撬开，喝 1/3 的酒，兑水进去，又放回去。知青们也不讲口感，是啤酒就行，第二天打开喝完还说："你看，冰的就是不一样。"这是真正的啤酒旧世界。

20 世纪 80 年代，我回城了，瓶装酒已经大面积上市，啤酒不再紧缺，想喝啤酒问题不大。而且我年轻的时候，爱交友，经常与朋友一起喝啤酒。

20 世纪 90 年代，是啤酒发展最快的阶段，口味、品种非常多，包装形式也更丰富。我家门口的小商店里就有几十种啤酒，我有选择恐惧症，后来就每次买几瓶新品种尝尝。

我从消费者的角度，也能看出这几十年来酒文化的变化。

第一，是人的变化。我们年轻的时候喝啤酒。人很奇怪，不到 40 岁，都觉得白酒不容易入口。过了 40 岁，反而认为白酒好喝。

第二，从社会角度来看，过去几十年，国产酒和洋酒之间经历了反复较量。有一段时间，洋酒品牌纷纷进入中国市场。现在国货崛起，中国酒品牌吸引了大批年轻人，甚至是年纪较大的消费者。

第三，近年来，市场越来越细分，有高端、中端、低端酒，分层很清晰。以前的酒或便宜或贵，但基本形态大致相同，现在的酒从档次到人群，到口味，再到包装，层次非常丰富。

侯孝海：现在最重要的分层依据是，场景越来越多元化、个性化——可以自己独自在酒吧喝，可以与朋友聚餐喝，可以在大排档甩开膀子喝，可以在高雅餐厅喝，可以两个人一起细细品酒，甚至可以自己找个广场对着星空喝。

专业收藏酒成本太高

何伊凡：说到酒文化，中国与酒相关的诗歌特别多，西方与酒有关的诗歌虽然也有，但没有中国这么多。

马未都：唐诗宋词中与酒有关的诗句、词句多极了，根本没办法完全说清楚。比如，李白《金陵酒肆留别》中写道："风吹柳花满店香，吴姬压酒劝客尝。"这句诗描写了一个场景，就是餐厅服务员来劝他们喝酒。这个场景就很有意思，今天的餐厅就不会有服务员来劝酒。

何伊凡：中国古诗词中有很多劝酒场景，如"劝君更尽一杯酒，西出阳关无故人""岑夫子，丹丘生，将进酒，杯莫停"等，可见中国酒的社交文化属性是不断延续下来的。

马老师是一位收藏家，从收藏的角度看，什么样的酒有收藏价值？

马未都：收藏酒对中国来说是一个很晚、很迟的概念。收藏酒必须有一个前提，就是酒能保存得很好。高酒精度的烈性酒，只要不出大问题，能保存很长时间。葡萄酒，现在我知道的最长的能保存100多年，但这是因为把它沉入了海底或采用了其他方法保存，在生活中保存就很难。

有一次我去国外一个朋友家，朋友对我盛情款待，准备了很多酒，还特意花了高价，准备了1955年的红酒。那天在他们家院子里，顶着月光，氛围全都做足了，可惜酒不给力，酸了。

葡萄酒木塞不是绝对密封的，只要透气，酒就酸了。所以葡萄酒不是特别容易收藏，必须要有很好的储存条件。

今天中国人存酒一般都是白酒，有人是有意识地去收藏酒，而我是无意识的。像醴醴，如果正常搁家里，搁冰箱能搁一阵子，如果真的希望把这酒当作传家宝传承下去，就得做专业的酒窖，或者买一艘船到太平洋找一个地方沉下去，发一定位，若干年后再捞上来，也没问题。

何伊凡： 啤酒以前是即饮的，没有收藏价值，越新鲜越好，对吧？

侯孝海： 低度酒难储存，因为它的微生物较活，容易变坏。高度酒储存时间会更长。所以过去女儿红能保存18年，因为它比啤酒度数高，且放在坛子里、埋在地底下，有很好的储存条件。

中国传统酒文化中有一个概念叫"老酒"。人们通常认为，老酒更醇厚。意思是酒随着时间的变化，自身也会发生变化：第一，时间长了，刺激性的物质率先挥发，酒的味道会慢慢地柔化；第二，酒体颜色也有变化。目前，科学还无法解释为什么储存时间长的酒会带来更好的饮酒体验。但酱酒储存时间长了，确实会更加醇厚，更易入口。

马未都： 我不是专业的品酒师，不敢乱说。但如果拿出5瓶酒，分别是新的、10年、20年、30年、40年的，我能给它们排出队来，确实有明显差异。我个人认为，老酒酒精挥发了，会变得比较柔。

很多储存了几十年的老酒，尤其是瓷瓶装的老酒，就剩下半瓶，甚至三分之一瓶了。所以专业的酒收藏，对于一般人来说成本太大。

至于白酒，今天大家都愿意喝年份酒。其实中国酒与欧洲酒的年份是两套完全不同的计算系统。

比如，威士忌的年份，是指装瓶前的酿酒年份；而中国白酒的年份是从装瓶之日算起，即标注的生产日期算起。

侯孝海： 中国白酒和威士忌还有个区别：酒都要勾调，比如20年的威士忌，勾调使用的酒必须是20年以上的酒；而按照中国目前的标准，15年的真年份白酒，是指勾调所用的所有酒的加权平均年份是15年。在这方面，国外的要求更严格。

马未都： 我讲一个例子。很多年前我去了趟英国，想正式引进一些威士忌，在这过程中我发现了很多文化上的差异。

我们找到当地的威士忌酒厂，请调酒大师调酒，调完手动装瓶。装的时候，我发现我们挑的那桶酒差6天就满27年。我就说商标上写27年，他们说不行，只能写26年。最后没辙，商标上写的还是26年。

侯孝海： 我们的现代酿酒历史比他们短，所以我们还在不断地完善，追求更高的标准和品质。

中国酒文化创新还处在表层

何伊凡： 中国的酒很多都是用来待客的，很少有独饮场景，这与中国历史文化传统有关。说到文化，这两年出现了很多酒类的文化创新。很多酒业品牌，都在谈互联网思维，都想抓住年轻人，做了很多创新。这些创新有些有价值，有些似乎有些过度创新。我想和两位探讨的一个问题是，酒类文化创新有没有主线？

侯孝海： 目前大部分中国白酒的文化创新，还是在酒厂历史中挖掘，如酒厂酒窖历史、古人酿酒方法，以及工艺、匠人传承等。

现在的白酒文化创新，应该说是"车行半步"，还没有能够把中国白酒的历史文化真正完整地挖掘或者阐述得特别好的品牌，还处在百花齐放的阶段。

中国啤酒过去对文化挖掘较少。以前啤酒价值低，消费场景随意自由，文化属性较弱，以至于很多人认为啤酒没有文化。

随着经济进入高质量发展阶段，消费升级，国潮兴起，啤酒新世界到来，中国啤酒也正向啤酒历史文化和中华优秀传统文化两个方向挖掘。如果说白酒的文化创新走了一半的路程，那么啤酒才刚刚开始。

我认为，目前中国酒业的文化表达还处在表层，即通过包装设计、故事来阐述酒文化，还没有真正进入对中国酒文化、中华优秀传统文化进行深层次表达的阶段。但总体来讲，中国酒业深入挖掘中华优秀传统文化资源的方向，大家都认识到了，而且已经开始行动。这是一个由表及里的过程。

何伊凡： 马老师，你对这个问题怎么看？

马未都： 我们还是拿例子说话，比如醴。我之所以愿意成为醴和醿醴的文化大使，是因为我认为它们在很多方面都很超前。

第一，外观设计。注意看，醴的瓶身上有两个耳朵——设计灵感源自仰韶文化中的双耳鲵鱼纹瓶，再配以仰韶先民们寓意美好的三角纹、折带纹、水波纹纹饰。包装里还有一个杯子，储酒、饮酒都考虑周全了。

第二，酒本身。只有喝了的人才能感受到酒的不同。醴与想象中的啤酒不一样，不是单纯的浓一些，而是酒入口的感受与啤酒大为不同。

第三，醴赋予了中国酒一个新的消费场景和新的社交属性。我用它社交，每个人喝了以后感受都很好，尤其是以喝啤酒著称的德国人，喝完都赞不绝口。

我想，醴慢慢地会在烈性酒、果酒、啤酒等中国传统酒类中，杀出一条路。它不仅是外观美，更重要的是，开创了中国酒的新品类和新属性。

刚刚提到中国传统酒类，其中还有一类是传统酿造的黄酒。我喜欢喝黄酒，但黄酒最大的问题是不稳定。

同品牌、同年份、同价格的黄酒，批次不同，完全不一样，差距太大了。严格意义上说，我们要允许酒在酿造中存在一些偏差，但偏差太大会让消费者失去对品牌的信心。所以，标准化很重要。

侯孝海： 马老师讲到了一个关键问题。中国传统酿酒工艺中，很多环节都要靠人工和自然，而啤酒、威士忌等酒的工艺、流程都非常标准化。

所以现在中国酒业，也在探讨未来往什么方向发展的问题。能否在传统工艺和古法酿酒原理不变的前提下，更加标准化、规范化？否则人或者天气稍有差异，酒的品质、口味都会受到影响。

西方国家很早就将这些问题解决了，现在中国黄酒和白酒也在慢慢解决。但其中也有不同的声音和争议，有人认为传统工艺不能变。不过目前来看，认为应该规范化、标准化的声音更多。

何伊凡：最后一个问题，请两位用简短的话对酒文化创新做一个总结，酒文化创新的关键在哪？

侯孝海：我认为中国酒文化应该从中华优秀传统文化中挖掘与自己最相关的点，把它聚焦，并阐述出来。同时，将中国的酒、中国的精神、中国的场景、中国人的习俗融合在一起，中国酒文化的表达才更能打动消费者，让消费者接受。

何伊凡：中国的传统、习俗、场景与酒融合，取一个交集，这是你对中国酒文化创新的期许。马老师，你怎么看这个问题？

马未都：中国酒文化是一个很久远的话题，中国第一部文学著作《诗经》中就有大量提及酒的诗句。今天我们重新审视酒，它已经由单纯的饮料变成了一个复合型的产品。酒文化至少由三个方面构成，即酒体、器皿、场景。这种酒文化的复合型场景的出现，我认为是酒文化提升的一个标志。

何伊凡：马老师说的这一点非常关键。过去我们谈到酒的时候，更关注的是酒本身，却忽略了场景，更忽略了器皿，这也是新世界和旧世界的一个不同之处。而这种不同中，似乎还有一些复古的意味——古人喝酒是不是这三者都很讲究？

马未都：是的。中国古代青铜器中，酒具是最主要的一项。比如，礼器往往都与酒有关。什么身份的人在什么场合拿什么器皿饮酒，都是古代青铜文化的一部分。

酒在中华文明中占有重要一席，这一席不仅仅是物质层面的，更重要的是精神层面的。所以，我们今天在为酒赋予一种新的时代形象的时候，更要注意其精神层面的表达。

侯孝海： 酿酒自古就有。在中国古代，只有剩余的粮食才会被用来酿酒。现在国家富强了，中国酒和酒文化的发展也应该进入一个新时期。

何伊凡： 所以酒业的新世界和旧世界，新旧之间并不是那么绝对。有时候我们探讨"新"时，要向传统、向文化去寻找答案，这样才能够到达真正意义上的"新"。

第 9 章
新世界之创新牵引力：
造火箭和做啤酒，都需要创新

——华润啤酒侯孝海对话东方空间姚颂

对话人
姚 颂

  姚颂是东方空间联合创始人。他是一位"明星创业者"，22岁从清华大学毕业，23岁投身人工智能芯片领域创业，成立首家公司，25岁时首家公司以3亿美元被收购，29岁再创业，跨界商业航天，联合创办了火箭企业东方空间。2024年1月11日，东方空间自主研制的"引力一号"商业运载火箭成功发射升空，创下商业航天领域的多项纪录。

精彩观点

- 尽管公司是新的，商业和技术也是新的，火箭领域也有许多新质的元素，但仍然完全遵循基本的商业思维和商业逻辑。
- 有些人说消费品行业可以重做一遍。他们所说的"重做"意味着从原点开始进行重塑。在中国式现代化进程中，许多商业领域都存在大量机会，对产品进行重塑和提质。
- 我一直在思考，影响我事业选择的第一性原理是什么，最后我总结出来：让自己老了之后，在生命垂危之际，回想自己的人生，不后悔。
- 好胜心、好奇心，喜欢新鲜事物，愿意改变，不愿守旧，这些都是创新的良好基因，是创新特别好的支撑力。
- 如何让大家敢于冒险，这对我们来说非常重要。我们需要创新机制，需要有创新容错的机制。
- 即便是新企业，但很多商业模式、技术和公司的很多人并不是新的。
- 消费品的创新，可以"截和"或者迅速走在前沿。我们看到一些新兴品牌，它们的商业生态迅速改变了传统零售行业。
- 消费品的创新可以直接超越前人，但是这种模式有它的风险——新技术和新模式层出不穷，消费像万花筒一样，气象万千，可能你刚觉得你的某个创新很棒，就又有新的创新把你取代了。
- 年轻创业者可能在商业发展中，会押在趋势和前沿上。但这样做的风险在于可能不太注重常识，有时会输在常识上。

火箭和啤酒，都需要创新

何伊凡： 今天嘉宾的组合非常有意思，姚颂是造火箭的，侯孝海是做啤酒的，造火箭的人和做啤酒的人坐在一起谈创新，能够碰撞出什么样的火花？这也是我们在探讨新世界的时候能够产生的一个话题。如果不是在新世界当中，造火箭和做啤酒的人，是没有办法坐在一起聊天的。但当我们探讨新世界中的商业逻辑的时候，大家就会有很多话题交集。

我们先请姚总分享。你实际上每天都要和创新打交道，这是你的主业。在2024年1月11日，你们成功发射了一颗"引力一号"商业运载火箭，这是中国商业火箭发射史上的一件大事。

姚 颂： 我们公司成立于2020年6月，至今不足四年，公司成立以后立项的第一个研制项目就是"引力一号"火箭。这枚火箭是基于全固体捆绑式的火箭构型，填补了国内全固体捆绑构型运载火箭的技术空白。经过三年半的研发，在2024年1月11日成功发射这枚火箭。它首飞就携带了包括三颗气象卫星在内的3.5吨重的载荷上天，这是一件非常罕见的事情。

这次发射创造了很多纪录：在技术上，我们创造了全人类历史上最大的固体运载火箭运载能力的纪录，创造了中国目前运载能力最大的民营商业火箭的纪录，创造了中国首款捆绑式民营商业火箭的纪录等，大概有十余项技术的纪录。

第 9 章 新世界之创新牵引力：造火箭和做啤酒，都需要创新

让我比较骄傲的事是，我们对这个行业有很多新的商业元素的创新和注入。比如，我们是中国第一个直播火箭发射过程的民营商业火箭公司，线上有7000万人观看了我们的火箭发射直播；我们是第一个请乐队到火箭发射现场做演出的公司，希望火箭发射将来能变成一个嘉年华，变成一个很好的商业活动。

这一次客户也非常满意，我们非常精准，火箭距离他所需要的轨道只差40米。所有的商业合作伙伴都非常高兴，技术人员也实现了一个非常大的技术突破。

综合来说，今年的1月11日，公司迈上了一个新的大台阶。

何伊凡：侯总，之前你对火箭了解多吗？

侯孝海：我对火箭了解不多，只知道像埃隆·马斯克这样的人物在发射火箭。当然，火箭在中国人的记忆中，总是与国家的崛起和民族的复兴紧密相连，老一辈在火箭和卫星领域做出了重要贡献，才使中国跻身了世界前列。

我听说过商业火箭，但今天是第一次见到。刚才听姚总介绍，这家公司成立时间不长，却取得了这么大的成就，并且在火箭技术上、发射场景的塑造上做了很多创新。他们把造火箭、做商业，变成消费者、民众可以共同观看、分享和体验的事情，这是一个巨大的创新。

当然，姚总提到他们技术上的创新有很多，且创造了多项世界纪录。所以我觉得你的公司从商业模式到产品、整个核心技术，都是创新，这是一整个的创新体。

姚　颂：谢谢，谢谢。

何伊凡：大家对火箭可能了解不多，但是很多人对啤酒可能有一些概念。姚总你对啤酒的理解是什么？之前你认为啤酒可能会有创新吗？

姚　颂：直到去年之前，我认为啤酒很简单，就是大家外出聚餐吃串时会喝的饮品。我本人也喜欢喝啤酒。然而，去年一次接待贵宾时，我了解到还有价格高达几百元甚至上千元的高端啤酒。于是发现，啤酒原来不只是几元或十元一瓶的日常饮品，它还有很多新的可能性，包括不同的风味和产品类型。

侯孝海：姚总意识到啤酒已经冲出了过去传统的天花板，有一百多元、二百多元甚至千元的价格，这对产品来说是一种创新。

何伊凡：姚总更多的是基于市场上的产品，谈对啤酒行业创新的理解。作为从业者，侯总能否谈谈啤酒行业近两年真正的变化和创新是什么？

侯孝海：在旧世界中，啤酒的创新相对较少，在工艺、口味、包装形式和品牌方面，基本上沿用了西方的一些模式，再基于中国人的口味做一些调整，就这么发展起来了。

由于啤酒行业在旧世界中发展速度非常快，迅速达到了很大的规模，于是在2012年到2013年，我们进入了一个新的世界——高质量发展的新时代。

在这个时代，消费者对创新的需求变得非常迫切，因为他们认为现有产品太传统，缺乏变化，无法满足他们对更高品质和更好体验的需求。因此，在新世界中，啤酒的创新已成为产业发展中的一个竞争能力。

从啤酒创新的角度来看，首先是产品的创新。过去我们的产品是简单的"大绿棒子"，后来慢慢变得精致、高档起来，包装也更加注重颜值、注重环保理念。

产品品质方面，酒体开始加入更多原料，出现了许多精酿啤酒和零度啤酒，很多产品的分类都做了创新，以满足消费者的需求。

价格方面，过去我们喝的啤酒可能只需三五元，现在有了更多高端啤酒，包括百元甚至千元的啤酒。如青岛啤酒的一世传奇和雪花啤酒的醴，它们蕴含着中国传统酿酒文化，档次高，品牌形象独特，口味也与众不同，这些都是产品的创新。

其次是管理模式的创新。啤酒的酿造和销售方式现在也发生了很大变化。通过向智能制造的转变，通过数字化的赋能，整个管理模式出现了许多新的变革，创造了许多新的模式。

最后，应该说，商业模式也在创新。过去我们卖啤酒是卖成品，现在我们可能开设啤酒馆、体验馆。例如，雪花啤酒的"JOY BREW"小酒馆和青岛的1903啤酒馆。商业模式开始发生变化。这些都是创新的体现。

创新的底层逻辑

何伊凡： 火箭和啤酒行业都有创新，但两者在创新上存在显著差异。火箭的创新需要攻克许多技术上的难题，每天反复与创新本身进行技术上的博弈和均衡，需要大量的工作。而啤酒行业的创新难在它本身是一个很传统的行业，在其中找到创新突破点同样困难。

两位嘉宾的年龄和经历差异很大，两位代表了两代不同的企业家，而且两位在不同行业中进行创新。我想了解这两个行业创新的底层逻辑有何不同。

请姚总先回答，在你所在的高技术密集型行业中，创新的基本点和基础逻辑是什么？是否埃隆·马斯克遇到的难题你都会遇到？

姚　颂：确实，埃隆·马斯克遇到的难题我们也会遇到，因为技术本身在全球范围内是相通的，芯片是芯片，软件是软件。

我们这个行业创新的特点：第一，建立在坚实的基础之上。这个基础是中国航天过去六七十年打下的。例如，我们能在三年多的时间里把火箭做出来，取得如此多的成果，核心在于我们许多供应商是航天院所，比如主发动机是由航天院所提供的，这些基础是有的。

第二，我们行业的创新有一个很大的特点是它是一片全新的处女地。我们所做的许多事情都是创新的，因为过去的发展主要是为保障国家安全这样一些国家战略方向。我们公司除了技术创新，还有以下几个层次的创新。

首先是文化创新。我们公司是全行业唯一实行全开放式办公的企业，我也没有办公室，带头坐在工位上，希望打破不同层级之间的隔阂，让大家的沟通更加高效。我们还是行业内比较少见的自建高性能计算集群的企业，原来大家用台式机开发，以保密为最高优先级，可能相互之间沟通不是那么顺畅。现在，无论在西安、无锡、北京还是烟台，我们都可以连接到自己的私有云高性能计算集群上，大家能够线上协作，并且计算性能也大大提高了。

这是第一类，将先进的技术文化、技术理念、商业企业的文化融入进来。

其次是整个商业思维的创新。原来做火箭型号是国家有任务，国家立项，然后院所开始做。但到了商业火箭领域，我们需要找到差异化。你的客户在哪？客户需求在哪？客户接受的成本在哪？从这些角度去重新定义火箭的需求。

比如埃隆·马斯克早期定义了猎鹰9号的全新火箭需求，即满足卫星互联网早期的组建的需求。后来为了布局更大的第二代星链卫星互联网和火星计划，他定义了Starship，这是全人类历史上最大的火箭。所以，我们这样的企业需要充分将产品角度、客户角度的思维融入型号设计中，这也是一种思维创新。

最后，如刚刚提到的，确实会有很多技术创新的地方。比如我们是全新的自研的火箭捆绑助推机构，成本可能只有原来的1/10，商业效率大幅提升；我们自研的高性能箭载计算机，搭载将来可以支持各种可回收火箭的全新算法。

这里面最大的难点有两个：一是火箭是一个复杂系统工程，涵盖基本上所有的工科学科，如电子、自动化、流体力学、固体力学、精密仪器、机械等，需要非常广博的知识才能将这些创新黏合起来。

二是火箭是对可靠性要求极高的一个行业，就像食品安全一样，几万个零件中有一个出问题，就可能会导致"箭毁人亡"。所以如何在权衡可靠性指标、价格等因素的情况下去多推动创新，这个度也需要把握。

何伊凡：它是一个集成式的创新，各种能力要求得非常全面，你不能有短板。

姚　颂：对，而且即便你单一的点做得很强，也并不能够代表你整个火箭的能力很强，所以它需要非常多点的系统性的创新。

何伊凡：你总结得很好，火箭需要系统性的创新能力。那啤酒行业需要的创新是怎样的？

侯孝海：火箭的创新给了我两点很大的启发。第一，它遵循的是商业的基本逻辑，从用户需求出发，考虑竞争对手。因为其他人也在制造火箭，包括埃隆·马斯克等。关键在于谁需要使用你的火箭，他们是从用户需求中寻找创新点。

第二，他塑造了不同的生意模式。他的火箭与别人的有何不同？是否更经济、效率更高、科技更强，更能满足客户需求？是否整个后台技术力量也在做差异化和创造独特价值？这对商业来说都很关键。

何伊凡： 这是通用的逻辑。

侯孝海： 对，尽管公司是新的，商业和技术也是新的，火箭领域有许多新质的元素，但仍然完全遵循基本的商业思维和商业逻辑，只是在它这个领域做到了极致、做到了最好，或者做得非常有系统性和完整性。

对于啤酒行业来说，逻辑相同。我们的创新首先来自消费者需求。消费品最终是要让消费者满意，如何让消费者喜欢并愿意持续消费，这是创新的基本需求。

其次，商业模式能否更经济，有更高效率和效益，这是我们在商业实践和变革中可以不断去做创新的。

最后，从啤酒本身角度来讲，旧世界的创新是一种简单的改变，如更换包装、原料或调整度数。但新世界的创新就是重塑，从重塑产品制造设计逻辑开始，通过挖掘消费者内心真正的需求，来不断搭建需求模型，以构成产品的主要元素，进而指导产品设计。

这种创新是完全重塑型的。我们现在的生产方式也改变了。我们不再将每个啤酒厂视为独立的工厂，而是将全国的啤酒厂视为一个大车间。生产制造的创新与过去完全不同，不是简单的变化，而是系统性和全面性的重塑。这是啤酒行业创新的一个因素。

所以我认为火箭创新是新质的创新，涉及"新"和"质"，与新质生产力是一脉相承的。啤酒行业则是从"变"到"速"，也在进行新的创新，也在做新求质。啤酒行业是通过变化和速度来实现创新的，而火箭则是通过做最新、质量最高的产品来实现创新的。

何伊凡： 火箭的创新，是集成式的创新。啤酒的创新，实际上是一个重塑，因为它毕竟有很多东西是固化的，那么要在这个基础上去打破它，然后再重塑。

侯孝海： 所以有些人说消费品行业可以重做一遍。他们所说的"重做"意味着从原点开始进行重塑。这是因为在当前的技术和消费观念的变化中，以及我们所处的中国式现代化进程中，在高质量、信息化、数字化的背景下，在消费升级、食品安全和绿色环保的趋势下，许多商业领域都存在大量机会，对产品进行重塑和提质。

好奇心是创新的动力源

何伊凡： 我们回到故事的起点，两位分别是怎么走上这条创新之路的？创新之路是很漫长且艰难的路，其实有很多的捷径可以选。比如姚总，你的背景很好，把创业的第一家芯片公司卖掉之后，在20多岁就已经实现了财务自由，为什么想到做火箭，做投资人不是更好？

姚　颂： 我的微信朋友圈的签名是"今天是人生中最年轻的一天"，这个签名已经用了六七年了。埃隆·马斯克经常提到"第一性原理"，即做一件事最底层的基本原理是什么。在卖掉第一家公司后，我一直在思考未来我应该做什么、影响我事业选择的最根本的原理是什么。

我花了两年时间，和很多老同学、师兄们沟通，最后我总结出来：让自己老了之后，在生命垂危之际，回想自己的人生，不后悔，这是我当时的第一性原理。

我是一个能想得很长远的人，所以我就想，做投资总感觉像退居二线，我会看到很多朋友，我很想帮助他们，给他们提很多真诚的建议，但他们没有我的经历，不能吸收我的意见。如果我仅仅做投资，我可能会后悔。

当时还有一些选择，比如做一些小的事情，或者再把芯片做一遍，再去卖一个公司，或者去当时收购我们的大外企继续工作。但我觉得那样人生似乎没有新的体验，只是重复前几年做的事情，所以最后我希望做一些新的、大的、能体现个人价值、对社会和人类也有价值的事情。

当时我想了很多方向，除了航天，还包括基因编辑、基因工程、通用人工智能等。在这些选择中，因为我从小是个航天迷，是个军事爱好者，航天是我从小的梦想，也正好遇到了很好的技术团队，大家可以一起来做这件事情，所以就和团队一拍即合，在2020年成立了这家新公司。

何伊凡： 你从小有一个航天梦，是家庭里的父母辈有在做和航天相关的工作吗？

姚　颂： 倒不是，我的父母都是从农村出来的大学生，后来都在公务员系统。但我爸爸在我小时候给我买了很多科普书籍，比如《十万个为什么》和湖南科学技术出版社的"第一推动丛书",这是20世纪90年代推出的非常著名的科普丛书,他买了一整套。

所以,我从小就开始阅读这些书籍,比如《时间简史》和《生命是什么》。虽然当时看不懂,但我觉得非常有趣。对于黑洞这些概念,我也不懂,但我会反复阅读。此外,我从小就一直在浏览军事论坛,我爸爸也是军事爱好者,他给我买了很多关于枪械、坦克、战斗机的画册。所以,我确实从小就有这方面的爱好。

我认为,能够将爱好和兴趣转化为工作,是一件特别令人开心的事情。

侯孝海: 姚总创新的本源来自他的天赋。他从小就对技术充满热情,在适当的时机,他的创新精神就会迸发出来。而且他不愿意走寻常路,不满足于重复过去,总想给人生留下价值。

姚总刚才提到的几个创业方向,基因编辑、通用人工智能、火箭和航空等领域,都是能够改变人类的重要领域。他的梦想是改变人类。实际上我觉得,很多创业者做的都是不虚度年华、让自己不后悔、为人类做出贡献、让自己感到骄傲的事情。这是一股很强大的动力,我认为这是他不断创新的重要动力源。

何伊凡: 回到侯总,你之前是做营销出身,那是你的舒适圈,后来为什么会走出舒适圈,走上了一条产品创新之路?你继续想办法把啤酒卖得更好,那对你来说不是更得心应手?

侯孝海: 从我的角度来说,我从小就特别好胜,并且不愿意走重复的路,这和姚总有点像。我不喜欢做没有颠覆性价值的工作,对于非常熟悉或者已经做过的事情很快就会失去兴趣,感觉意义不大,也就不太愿意继续做。这是一个人的性格和内心的追求,可能是创新的一个基础。

另外，我总是想要超越，想要改变，总是思考为什么事情不能换一种方式做，怎么不守旧，所以刚刚一提到火箭我就非常感兴趣。

所以我认为，好胜心、好奇心，喜欢新鲜事物，愿意改变，不愿守旧，这些都是创新的良好基因，是创新特别好的支撑力。

何伊凡：所以后来你在啤酒行业中做了很多创新，也许和你起点时的一些思考有关。

侯孝海：对，没错。我认为啤酒可以有不同的形态，可以有不同的销售方式，我觉得企业的组织和文化，完全可以进行更多创新，来让企业变得更好、商业变得更有竞争力。

我非常愿意在这方面尝试，在实践中感到非常快乐，而且让我充满能量。这就是将个人兴趣和自己的梦想与工作和事业结合起来，也是将自己的兴趣和满足感与所做的事情联系起来，所以创新的动力源源不断。

创新要突破文化壁垒

何伊凡：姚总，当你真正踏上造火箭之路时，遇到的困难肯定比预期的要多得多。在这个过程中，有没有遇到过一些感觉几乎过不去的坎？

姚　颂：我认为企业家和创业者肯定都是天生的乐观主义者，否则不会选择这条路。即使遇到看似难以逾越的障碍，我们的心态始终是想办法跨过它，而不是觉得跨不过去。并且经历过初次创业和那些曾经认为难以克服的困难后，心态会变得更加稳定。只要我们相信这件事本身对于大家是有价值的，就有信心能够迈过去。

我认为我们更多的难点在于，整个团队技术成员来自不同院所，而每个院所都有自己独特的文化和风格，我们要将这些不同的文化融合起来，再形成一套我们企业统一的文化，这是一个很难迈过去的坎。但我们目前在这方面做得还不错。

另一个挑战是，在过去的一年多时间里，许多财务投资机构开始变得更加谨慎。但火箭行业是一个非常重投资的行业，且是一个需要长期投资的行业。面对当前IPO市场放缓和财务投资退缩的情况，我们如何继续推进项目，这是一个需要解决的问题。面对这些问题，我们认为必须提前、主动地进行调整去适应它。

近两年，在与企业家和创业者的聚会中，大家会去抱怨各种问题。但我认为，既然选择了这条路，就不要总想着那些坎，而是应该尽可能地寻找解决方案，尽可能主动进行调整，以适应不断变化的环境和节奏。

何伊凡： 你刚才提到了一个特别难的问题，就是如何让来自不同科研院所的同事形成凝聚力，尤其是当他们的年龄可能比你大的时候。如果不能做到这一点，所有的创新都没有基础。你是如何克服这个困难的？

姚　颂： 我们主动打破了传统的级别概念，所有人都坐在开放的工位上，包括我自己、总设计师、CFO。一开始有些人不适应，有人说能不能给加个屏风，因为他们习惯了有独立办公室，但我们需要主动打破这些旧习惯。

当然，确实有些人会不适应我们的文化。例如，我们曾有两位副总设计师，一位不愿意带头做事，只愿意上传下达，指挥下属,然后汇报给总设计师。我们认为这种风格不适合我们,经过讨论后发现他没有改变,只能协商离职。另一位副总设计师不愿意教同事,虽然个人能力很强,能把活干好,但不愿意教大家是怎么做出来的。我们认为这种风格也不适合,因此也与他协商离职。

现在,我们建立了很好的文化,并且我们的文化关键词是由核心工程师们自己投票选出来的。这样的优秀文化已经吸引了其他企业的优秀人才过来。尤其是技术从业者,他们本身有技术理想,非常尊重工程师文化,所以现在我们的文化在商业航天产业内已经成为一个强大的竞争力。

何伊凡: 侯总,你目前在央企担任领导职务。设想一下,如果你加入了一家同样的民营企业,而在那里,你所有的头衔和级别都不再重要,身上的一切光环都没有了,坐在一个开放式的工作区,你能适应吗?

侯孝海: 老实说,我个人适应能力较强,就算我能适应,但不一定会感到满意。从自己熟悉和舒适的工作环境和规则中跳出来,进入一个新的世界,风格、管理方式、组织规则都不同,这确实是一个非常大的挑战。刚才听了姚总的分享,他提到的去除壁垒、制定规则,并用文化和机制以及原则性的东西来凝聚人心,是一种非常好的融合方式。

何伊凡: 侯总,你在做一些创新时,是否也要突破这层文化的壁垒?

侯孝海: 我认为传统产业的创新有以下几个难点:

首先,创新通常需要多个部门共同完成,但过去的管理方法往往是各部门只管自己的事情,一旦需要协作就不适应,争议多、协作性差。这就需要打破组织壁垒,建立一个通道,就是通过项目小组、开发小组、创新小组等新型组织形式来实现穿透。这是我们也会遇到的问题。

其次，任何突破都有风险，创新也有风险，但没有人愿意承担风险。特别是在传统组织中，人们通常不愿冒险。那么，如何让大家敢于冒险，这对我们来说非常重要。我们需要创新机制，需要有创新容错的机制。

再次，在越传统的产业中，创新的文化和思维越低。人们长期这样做，为什么要改变呢？他们觉得没有必要，按照现有方式做就很好。我认为，创新的思维和文化，让组织和企业以创新为文化特色，以技术为推崇的一个方向，这是一件非常难的事情，越传统的企业越难。

即便是新企业，但很多商业模式、技术和公司的很多人并不是新的。比如姚总的公司是在中国火箭长期发展的基础上诞生的新质生产力的代表，所以它得利用国家的资源、人才、技术和研究机构，但这些仍然是传统的，还是传统的方式、思维和做法。很多东西都是过去传统的东西，到商业领域就行不通了，因为商业需要快速奔跑，需要成本控制，需要高效率，需要控制风险，而传统体制可能不那么强调这方面，至少商业企业在这方面可以做得更极致。

长期目标和短期利益的平衡

何伊凡：刚才侯总说的，必须掌握一种技巧，打破同事们"原来那样也挺好"的观念。这个过程其实需要面对一件非常现实的事，就是如何在长期的伟大目标与短期商业利益之间找到平衡。我在看《埃隆·马斯克传》时发现，埃隆·马斯克是不断地在这种平衡中做出努力，否则他也走不到今天这个位置。姚总，你是否也遇到了类似的挑战？

姚 颂： 我们这个行业既有显著优势，也面临比较大的挑战。这个行业决策相对简单化，原因在于，相较于许多传统行业需要在未知领域摸索前行、先做一些小的实验再进行大的调整，航天产业已有埃隆·马斯克这样的先行者，他的 SpaceX 公司为全球商业航天树立了标杆，为我们提供了大量经验。他领先我们大约 15 年，所以我们的很多战略决策的思考，可以参考他的决策。这是行业好的地方。

但这也带来了问题。他领先我们 15 年，我们是应该照他现在的想法，还是 5 年前的想法，又或者是 10 年前的想法？

现在全中国有完整资质开展火箭发射的民营企业有 5 家，其中一些企业选择跟随埃隆·马斯克当前的创新路径，比如埃隆·马斯克的星舰采用液氧甲烷，是一种更创新、更环保的燃料，可以实现火箭回收和重复使用 100 次。

对我而言，我认为我们不应该简单按照他现在的成就和想法，而应该回到他起步时的状态，学习他当时的决策。例如，埃隆·马斯克前 20 年发射的是猎鹰 9 号火箭，是使用液氧煤油作为燃料。我觉得我们应该将猎鹰 9 号作为目标，而不是直接追求他现在的星舰项目，因为我们现在商业航天的发动机水平、火箭能力都远远没有赶上猎鹰 9 号。我们刚刚发射的火箭已经是国内民营商业中最大的，但运载能力仅为猎鹰 9 号的 1/3。因此，我们还是先以猎鹰 9 号为目标，可能更踏实一点。这当中就涉及一个权衡。

另一个权衡是火箭中电子设备的成本。这些电子设备的成本大约占到总成本的20%。可能大家很难想象。例如，一个手机芯片价值10美元，但用在火箭中的宇航级的芯片可能价值10万美元，这是一个非常正常的事。

因此，我们基于工业级或车规级芯片去开发自己的高性能箭载计算机。我们选择循序渐进。前儿发火箭为了保障成功，主系统还得用宇航级的芯片，但是将自研系统作为备份。经过多次上箭的实验，如果自研系统表现良好，没有出现任何故障，那我们可能再考虑逐步替换。

在系统工程领域，我们倾向于渐进式的、逐步的创新，而不是跨越现有国内综合能力去追赶一个过大的梦想。

何伊凡： 这是一个非常现实的选择。如果能力和目标不匹配，那么使用现有燃料，比使用看来最理想的燃料，能节省多少成本？

姚　颂： 核心问题实际上是技术成熟度。中国研发液氧煤油火箭的历程，可以追溯到20世纪80年代，因此液氧煤油火箭在人才梯队、航天院所的供应链方面已经相当成熟。而对于将液氧甲烷作为燃料，据我了解，国内直到2006年才开始做预研，尚未进入产业化阶段，因此在技术成熟度上还有明显差距。

何伊凡： 消费品的创新是否会遇到类似的困境？或者说在消费品创新中，即使创新失败，成本也许不会太高，是吗？

侯孝海： 消费品的创新可能跟火箭行业不一样。火箭需要非常深厚的技术积累，即便出现一个跨越式的发展，也可能会因为技术支撑不足而迅速被市场淘汰，所以它需要每一步发展都有强大充沛的动力。

但消费品的创新，可以"截和"或者迅速走在前沿。我们看到一些新兴品牌，如钟薛高、茶颜悦色、奈雪的茶、瑞幸咖啡、拼多多等，它们的商业生态迅速改变了传统零售行业。

所以从消费品角度来讲，创新要立足于最前沿的技术，如最前沿的数字化或信息化技术，然后迅速创造一个新的模式或新的产品，这是消费品创新与技术行业非常大的不同之处。

消费品创新相对容易实现，但越是大公司在这方面的反应往往越慢，因为成立越久的公司在创新上会越谨慎。而技术行业则完全相反，技术越往前走，资源越紧张，等我们做完了，埃隆·马斯克又换了，我们现在还是追赶型，不是反超型。

消费品的创新可以直接超越前人，但是这种模式有它的风险——新技术和新模式层出不穷，消费像万花筒一样，气象万千，可能你刚觉得你的某个创新很棒，就又有新的创新把你取代了。所以你看，现在很多新消费、新零售面临更大的挑战，许多曾经的创新在商业模式上看不到胜利，看不到挣钱的那一天。

例如，新能源汽车行业虽然不断创新，但如果始终无法实现盈利，就背离了商业的本质。所以，不同行业有各自的挑战，不同行业的创新都有其特定的模式、方法和路径。

何伊凡： 最后我们来一组快问快答。第一个问题，请两位用这个句式造句：创新最怕什么。

姚　颂： 创新最怕不接受失败。因为没有失败、没有风险，就不会有创新。

侯孝海： 创新最怕不创新，创新最怕输给了时代。

何伊凡： 第二个问题，两位是不同代际的企业家，请分别评价一下对方。姚总，你怎么看待上一代的企业家？

姚　颂：如果将 20 世纪 80 年代前出生的企业家算作上一代企业家，我认为他们摸索出了一套经营企业的规则和制度，这是非常艰难的探索。但他们的问题可能是学历不那么高、非科技领域出身，所以可能不会像比尔·盖茨或埃隆·马斯克那样持续不断地关注和投资科技。

何伊凡：侯总，你怎么看年轻一代的创业者、企业家？

侯孝海：年轻一代的创业者有科技感、全球化视野，以及新知识和新智力，这些方面非常好。所以年轻创业者可能在商业发展中，会押在趋势和前沿上。但这样做的风险在于可能不太注重常识，有时会输在常识上。年轻企业家如果多了解过去，学习商业本质，结合自己的国际视野和创新精神，将会更好。

何伊凡：最后一个问题，两位的标杆分别是谁？可以是行业内的，也可以是行业外的。

侯孝海：我个人比较敬佩历史人物，比如雍正等，因为他们是改革者，改变了国家和民族，他们改变国家和社会的方式、身上坚毅的精神、处理大事的智慧、对人生的看法，都值得我学习。

姚　颂：我崇拜的是一个不吸大麻、不乱开炮的埃隆·马斯克。

何伊凡：一个相对纯净版的埃隆·马斯克。但其实如果没有这些小毛病，埃隆·马斯克可能就不是今天的埃隆·马斯克。

姚　颂：对，他可能不会做出持续创业的选择。但在中国，作为年轻人的榜样，我觉得还是要做好表率，无论是在工作上还是在生活方式上。

第 10 章
新世界之品牌聚焦力：打爆大单品
——华润啤酒侯孝海对话妙可蓝多柴琇

对话人
柴 琇

　　柴琇是奶酪品牌妙可蓝多的创始人、CEO。2016 年，经过对市场的多轮分析和调查后，柴琇毅然决定进入奶酪赛道。而从创业的第一天起，她就定下做到行业第一的目标。在柴琇的带领下，妙可蓝多在短短数年内，迅速从一个初创品牌成长为奶酪行业中的一匹黑马，也是中国 5300 多家上市公司中唯一一家以奶酪为核心业务的企业。柴琇被誉为中国的"奶酪女王"。

**精彩
观点**

- 从一个大企业的角度讲，它要在主赛道、大主业这个蓬勃的大陆上，去奔跑、去争抢。这说明大象有大象的功能。
- 如果想在目前既有的格局中再次创新的话，更高质量、更好体验的产品应该是第一位的。
- 一个品牌，如果想要在中国这么大的市场里面成功，一个非常重要的秘诀就是要打爆一个大单品。打造出一个大单品，是一个品牌在中国市场成功立足的基本模式。
- 做大单品有时候需要有容错的机制，因为不一定每个产品都能做大，万一选择错了，要及时纠正。有容错和纠正的机制，是非常重要的。
- 作为一个新品类的进入者，或者创造者，如果不聚焦的话，就会像"撒豆子""撒面"一样，成不了事。

创业初期：找准赛道，聚焦大单品

何伊凡： 柴总，你和大家分享一下为什么选择在奶酪品类中创业。因为中国人原来没有食用奶酪的习惯，你当初为什么会选择这样一条赛道？

柴 琇： 选择进入奶酪赛道，是基于自己一直以来的一个梦想。我想在一个细分赛道做到第一名，所以一直带着这样一个梦想在寻找赛道。

2007年，我到法国参加世界食品博览会，发现在那个展厅里有上千个品种的奶酪。我特别震撼，当时就想着我能不能进入奶酪赛道，并在中国做出一个奶酪第一品牌。怀着这个梦想我开启了自己的转型。

其实，在做奶酪之前，我专注的是乳制品行业，我做成了吉林省液态奶第一品牌。但当时的问题是，这个品牌一直走不出吉林省。所以当时就不甘心，一直在找差异化的新赛道。发现奶酪后，我就觉得奶酪就是承载我梦想的新起点。在2016年的时候，我认为中国乳业消费已经升级到了"奶酪时代"，就毅然决然地进入了奶酪赛道。

何伊凡： 别人可能会想，虽然海外已经有这么丰富的奶酪，但是这么多年来奶酪没有在中国成为一种主流食品，这肯定是有原因的。别人看到的是不可能性，而你看到的是可能性。这是你的一种思考习惯吗？还是只是奶酪偶然触动了你？

柴琇：我觉得首先是自己有想在细分赛道做第一的想法。考虑进入奶酪市场时，我研究了中国的奶酪市场，我发现基本上都是外国大牌，它们将在国外卖得好的产品拿到中国，但品牌宣传的力度都不大。而国内的乳品巨头那个时候可能认为奶酪赛道太小众，没有投入太大的资源。所以我觉得这可能就是我的机会。

其次，从乳业发展的阶段来分析，综合国外的发展情况，我认为奶酪是中国乳业下半场的重要机会，奶酪是乳制品消费升级的必然趋势。

何伊凡：侯总，你评价一下柴总的起点。假如说华润啤酒在同样的一个时间点的话，你会不会投资去做奶酪？假如说有这么一个类似的项目，你会怎么看这样一个项目？因为它看起来并不是一个大品类。

侯孝海：我从柴总刚才讲的内容中，总结了以下几点：第一，是产业周期的不断迭变，走到了奶酪。从奶粉到液态奶，再到奶加奶酪，这是一个产业发展的周期性迭代，而奶酪就是彼时这个产业的下一个周期。她看准了这个趋势。

第二，中国市场开始从规模发展向高质量发展转变。高质量发展也要求食品质量的升级，这恰恰是奶酪在中国可以开花结果的一个新机遇。

第三，企业家有自己的理想和敏锐的观察力。她想做一个独特的、一个赛道第一名的东西，她想成就一番新事业。因此，当她观察到奶酪在国外的发展情况时她会想到，能不能在中国也发展奶酪、发展中国人的奶酪、做中国奶酪的第一品牌这件事情。我觉得这样的企业家本性是非常好的。

何伊凡：但其实乳制品行业有很多的巨头，比如蒙牛、伊利和三元等，如果这些品牌进入你选择的细分赛道的话，对你可能是碾压式的影响。为什么它们之前没有在这方面"下重兵"？

柴 琇：一方面，国外的奶酪企业进入中国后，每家做的量都不大，奶酪市场只有几个亿的规模。国内的乳业巨头，特别是那些几百亿、上千亿规模的企业，肯定不会把资源投入到这个赛道上。

另一方面，我们能成功，最重要的是用了一个字——快。当我们发现这个赛道有机会的时候，看好了就快速进入、快速打爆，在巨头都来不及反应时，我们已经成为第一了。连着好几年，我们的市场份额一直是第二名、第三名及第四名的总和，它们加起来也没有我们的市场份额多。所以说，认准了下手就要快，全力投入。

侯孝海：其实我很理解为什么像蒙牛、伊利等品牌不去做奶酪。它们不是不知道奶酪，也不是不知道奶酪的价值，只是因为这个细分赛道比较小。从一个大企业的角度讲，它要在主赛道、大主业这个蓬勃的大陆上，去奔跑、去争抢。这说明大象有大象的功能。

这跟啤酒产业是一样的。过去几年，啤酒产业中的精酿、手工啤酒等产品迅速发展，这些赛道也不大，也是百花齐放，全国各地几千家企业在做，但是这几年规模开始慢慢缩小了。

巨头其实都没有在精酿上投入太多的资金和精力，因为精酿这个赛道相对小众。且对于大企业而言，因为赛道较小，在供应链和规模化的扩张方面也比较难实现，所以，大企业还是主要在做拉格啤酒，在高端化的赛道上走得更快、更坚决，而没有去押精酿。所以，从行业巨头的角度来讲，它们主要是基于自身的战略、自身的基础,以及自己的主业去发展的。

但是,柴总的讲述也对我们有很大的启发,提醒了我们要关注小品类酒。这些细分赛道很有可能也会出来一个妙可蓝多,如果在酒业出现一个妙可蓝多的话,我们这些巨头该怎么应对。

当竞争对手较少时,如何完成用户教育

何伊凡: 虽然起步的时候,竞争对手比较少,但初期你要完成的用户教育看上去也是非常难的。当时你是怎么做的?

柴 琇: 这一点太重要了,一个新品类最难的就是品类教育。当时没有人来宣传什么是奶酪,只有我在宣传,因此我一上来不是说妙可蓝多是什么,得要说奶酪是什么,得传播"奶酪就是奶黄金",讲奶酪的营养价值。将品类教育和品牌对接起来,让消费者记住你的品牌的同时,还能愿意购买奶酪。

所以我选定赛道,设定了要做一个细分赛道第一品牌的目标后,我就开始聚焦。先聚焦到高势能人群——儿童,再聚焦到一个大产品——奶酪棒。当然,选定奶酪棒的过程,我们也下了很大功夫,从好多产品中选择了奶酪棒。接着,聚焦到能引爆品牌的媒体,当时我们选择在分众、央视少儿频道和央视一套进行品类宣传。

这些聚焦手段,一下子就把品牌放大了。在渠道上,我们也采取了一些差异化的打法。一般做奶酪的品牌都将资源集中在一线城市,但我们没那么做。我们都很清楚,一二线城市是奶酪消

费的主要市场。但因为企业资源有限，所以我们选择"农村包围城市"的战略。渠道上，经销商都是一级，中间没有什么省代、区代，没有降低经销商利润的层级，所以很快就在东北市场取得了最初的胜利。

虽然最初的渠道打法与奶酪的目标消费人群是有错位的，但在当时的市场竞争环境下，那是最好的选择，因为如果我一上去就在一二线城市和巨头硬碰硬，没多久可能就会被消耗光了。

何伊凡： 你刚才已经总结了两个关键词：第一个是快速，第二个是聚焦。侯总，你怎么评价这种聚焦的战略？

侯孝海： 作为一个新品类的进入者，或者创造者，如果不聚焦的话，就会像"撒豆子""撒面"一样，成不了事。无法聚焦一点打透，也就没法把市场做透，也没法把品类教育做好，更无法让产品被消费者接受。所以聚焦，其实是资源的聚焦，是品牌和产品的聚焦，是细分市场、区域市场的聚焦，也是消费人群的聚焦。

所以我觉得聚焦战略对新品类的创造者来说非常重要。甚至对一个产业的挑战者——就是这个行业已经有很大的巨头在了，我想挑战它的企业——而言，聚焦战略也是非常重要的。

即使对于我们这种行业第一的企业来说，聚焦也是我们的主要战略之一。因为市场很大，很"内卷"，如果不聚焦的话，兵力就分散了，市场就分散了，形成不了任何"根据地"和"解放区"，就不可能实现"全面解放"，不可能做成全国性的大单品或者大品牌。

此外，刚才柴总还提到差异化。差异化是一定要做出不同的地方，差异化也是对整个细分赛道进行研究和洞察后的选择。对任何企业的战略成功来说,差异化都很重要。妙可蓝多用的是所谓的直销方式,是客户直营终端模式,这个销售模式和雪花啤酒的很像。

雪花啤酒的渠道战略也是走差异化,就是让客户直接面对终端,自己建队伍,直接去销售,直接去做动销。这种方式效率更高、更节约资源、落地执行最快速、市场反应最明显,所以就实现了非常好的发展。

老品类创新要把握消费者和消费周期

何伊凡: 妙可蓝多是一个新品类上的新品牌。啤酒创新会面临更大的难度,因为啤酒是大家心智当中非常熟悉的一个老品类。那么在老品类当中,怎么样才能做出一个新的品牌来呢?

侯孝海: 首先,妙可蓝多和雪花啤酒有一个非常共性的地方是:在创新方面,在品牌方面,一定要有好产品。奶酪棒是好产品,好吃、好玩,啤酒也是一样的。如果想在目前既有的格局中再次创新的话,更高质量、更好体验的产品应该是第一位的。

所以,我觉得对于传统啤酒来说,我们的创新也是搞好产品。我们用更好的麦芽、更好的酒花、更好的酿造工艺来支持产品的不断升级。白酒创新也是一样的,都需要一个更好的产品。

其次,品牌一定要差异化。品牌的差异化就是新品牌要打造出独特的价值主张,让消费者感觉品牌卓尔不凡,有非常明确的品牌形象和特征,这样消费者就会对品牌产生很深的认知,品牌才能成功。

再次，我觉得还要持续跟消费者沟通。无论是和奶酪棒的消费者儿童，还是和喝啤酒的年轻人，都要持续不断地和他们沟通，因为他们在成长，他们的需求会变化，所以我们要跟得上他们的需求，持续地去交流和沟通。

何伊凡： 当年华润啤酒要做一个新品类的时候，怎么样才能够打穿和支撑产品力？之前在商业旧世界的时候，我们说到啤酒，总觉得啤酒似乎不需要什么产品力，因为它就是一个非常普遍的消费类别。

侯孝海： 过去，啤酒主要满足能喝、喝很多瓶的社交属性。但是在消费升级之后，消费者对啤酒的要求变了，开始要求啤酒要好喝、口感要醇厚、要喝得有价值，消费者会感觉品牌跟我个人是相关的。这和过去是不一样的。

所以我觉得随着中国市场从无到有、从有到多、从多到好的发展过程，消费品也在不断地发展和升级。此外，要看到人群的变化。喝啤酒的人其实也在不断地在迭代，从"70后""80后""90后"到"Z世代"，每个时代群体都有不一样的地方，他们的消费价值观、品牌观、生活的方式等都有很大的不同，这些都深刻地影响了他们的产品需求、他们的购买选择以及他们的消费方式。

所以我觉得，传统企业、传统品类要去迭代、升级和创新的话，还是要把握消费者，把握消费的周期、产业发展的周期、整个社会的发展周期，要适应这个时代，适应需求的变化。

何伊凡： 奶酪在中国是一个新品类，这会面临一个特别现实的难题：怎么样才能够抓住消费者的口味？有的人说，用户需求有时候是玄学，是存在于个人心中的，个人知道什么是好，但是企业要把需求这种玄学变成现实。柴总，你是怎么做的？

柴 琇：就像你说的，问消费者喜欢吃什么样的奶酪，很多人真就说不出来，因为许多人没见过奶酪。所以当我们企业开始去洞察行业时，我们先学习韩日等亚洲国家。因为现在韩国、日本的奶酪消费量远高于中国，于是我们就经常到韩国、日本去学习。同时我们也在研究消费升级后中国人到底喜欢什么。

此外，奶酪在西方国家是餐桌上的产品，而且大多数都是冷链下的产品。在中国，我们其实早就看到了未来10年源自奶酪冷链的产品会逐年增加。但是，能不能有一个大单品出来，很难定论。能打爆是幸运，打不爆也没关系，因为奶酪行业的长期增长趋势一定是对的。

虽然大家所在的是细分赛道，但我觉得只要你认真研究，只要你踏踏实实地去洞察消费者的需求，你就会发现路很宽，有很多机会。

何伊凡：表面上看是一条窄路，等你进去之后，你才发现路其实很宽。

侯孝海：这就是所谓抓住用户。其实在中国做消费品，有两个东西非常重要：第一个是用户观察。用户观察中有很多东西是假观察或假结论，有很多的需求用户自己不知道，实际上品牌也不知道，即使用了很多东西来探测，也很难发现。所以，这方面研究的方法很多，但是实际上探求人类的需求是非常难的。所以首先是用户本身不知道需求在哪。其次，消费者有需求，但说不出来。我表达不出来这个需求是什么。最后，有需求，但消费者不好意思说。

第二个是，大家都说了以后，你会发现需求很多，无法满足了，比如消费者提了1万个需求，该怎么办。所以用户的需求都是比较复杂的。但如果你与赛道上的一个主赛道做匹配的话，你持续地做用户观察，持续地挖掘用户消费行为，就能够找到所有的需求。

没有大单品的头部企业，不是头部

何伊凡： 雪花啤酒是如何打爆单品的？

侯孝海： 首先，一个品牌，如果想要在中国这么大的市场里面成功，一个非常重要的秘诀就是要打爆一个大单品。打造出一个大单品，是一个品牌在中国市场成功立足的基本模式。如果一个品牌，有很多的产品，但没有一个大单品的话，是很难经营好的。

而且，大单品还应该在细分赛道里面是非常大的，非常有竞争力的。比如雪花啤酒勇闯天涯、雪花纯生、喜力®，都是一个细分赛道里面的大单品。勇闯天涯销量约300万千升，而中国许多 Top 5 的企业，整体的销量才300万千升，雪花啤酒的一个大单品就是它整个企业的量。

何伊凡： 一个大单品可能相当于一家创业公司或者一家中型公司。

侯孝海： 我大概总结了8个定律，大单品定律是其中之一。如何实现大单品？第一就是产品品质要好，要明显比竞争对手强。我叫作建立大单品品质的比较优势。同样的东西卖同样的价格，但我的品质比你好，这是大单品的第一个特点。

第二个特点是，大单品的价格一定要比对手略高一点。不能比竞品低，只要一低，你的大单品肯定无法成功。至少大于或等于竞品的价格，我觉得这个也是大单品非常重要的一个特点。

第三个特点是,大单品的销售一定要迅速地覆盖一个区域的市场,完成动销,让销量迅速增长,快速地在细分赛道里面成为王者。如果这样做的话,一个单品就很容易成功。

第四个特点是,大单品必须有独特的产品和品牌形象。这个品牌形象得是年轻人喜欢的。大单品的品牌形象,一定是一个特别能够走出来的形象,不要搞一个特别小众的形象。像勇闯天涯,在其他啤酒产品中辨识度很高,它体现的这种挑战精神是整个年轻群体都喜欢的,所以它相对容易成功。品牌形象和产品形象必须达成一致。

最后一个特点,就是刚才说的全力投入,就是打爆它的广告、打爆它的宣传,用一条非常强大的主线,来把它的品牌主张、产品价值和它的消费者捆绑在一起。只要你这样做几年,它就成了大单品,你就有了大单品,你这个企业的抗风险能力会极强,市场发展能力会极强,因为你有根据地了。大单品将来要成为你主业里的大牌。将来你要往头部走,没有大牌的头部,就称不上是头部。

何伊凡:你这是先画一竖,再画一横。

侯孝海:我们雪花啤酒现在做"1+n",大单品出来以后,还要做1+2、1+3,2~3个个性化产品。当你完成得差不多的时候,你一定要开始布局大单品后的产品定位——"1+n"。

比如,即便有勇闯天涯,我还得做勇闯天涯superX等,这样就会形成一个大单品矩阵,这样整个大单品的防护能力会越来越强,盈利能力会越来越好,竞争能力也会越来越强。

通过系列组合，打造新的大单品

何伊凡：但当我有了一个大单品之后，我肯定还希望再出一个大单品，这有时候比做第一个大单品还要难。因为在做第二个大单品的时候，你原有的单品能力不一定能够实现复制，你第二个大单品不一定能够达到预期规划。我看到很多快消品公司，其实已经陷入了这种困境，再打造一个新的单品，好难。

侯孝海：如果这是一个大系列的话，就相对会更容易产生新的大单品。比如，将奶酪片、奶酪棒等四五个产品进行组合，会发现整个方案、系列里面，有一个增长是最快的，跑着跑着冠军就跑出来了。

柴　琇：奶酪棒成为爆款之前，没有投任何广告，只要渠道铺进去货，动销就很好，那时我就已经发现奶酪棒有冠军相了。当时准备投广告的时候，也有人问我：这么做能行吗？我非常坚定地说，在没投广告之前，产品增长已经很好了。在实验过程当中，这些根据市场情况得来的洞察是完全能发现的。

何伊凡：在打造大单品的过程当中，需要注意避免的几个错误是什么？柴总，你可以分享一下你的经验教训。

柴　琇：我开始选的不是奶酪棒，是一个儿童成长杯，因为当时我们想做一个能保持水温常温的杯子，但是在常温控制过程当中，我们就发现，心里不是那么有底，因为无论怎么改造设备、工艺，食品安全上总是有瑕疵，所以我们就把这个产品放弃了。这就是在试错。所以，你一开始要小步试，不行了马上走。

何伊凡：对创业公司来说，你第一把全力投入的方向错了，你就完了。

侯孝海：我觉得做大单品有时候需要有容错的机制，因为不一定每个产品都能做大，万一选择错了，要及时纠正。有容错和纠正的机制，是非常重要的。

此外，我上次专门跟元气森林的唐彬森聊过，我的建议还是"1+n"。建立一个选择模型，从 3~5 个产品当中，选择一个塑造成大单品，这就像选接班人一样，很可能出错，但这个逻辑至少能够让你减少错误。

判断一款产品是否能成为大单品，要看它的场景适应能力是否足够强。有些产品适应能力不强，比如饮料，有的是只能在路上喝的，有的是可以进餐厅的。当一个产品能够适应扩散型场景时，这款产品成为大单品的可能性就会大一些。另外，我觉得在文化上，它得是能够与各种文化通融的。无论是在北方还是在南方，它在文化上都没有什么不相容的地方，这也是需要去考虑的。

何伊凡：如何判断一个大单品的生命周期？是否应在它将衰未衰的时候寻找下一个大单品？

侯孝海：大单品有它的生命周期，但是它的生命周期一可以延长，二可以迭代成一个新的周期。大单品的成长和衰落的道理是一样的。

第一，衰落或许意味着，它的品质已经不能够适应它开始衰落时期的需求了，那就得靠提升品质，升级原料、工艺，推出更高品质的大单品。

第二，大单品推出时间长了、卖得多以后，价格会不稳定，要重整价格体系，也要通过产品焕新，渠道、价格重塑等方式让它的价格恢复弹性，恢复市场活力，保持价格上的竞争能力和比较优势。

第三，适应消费的场景变化。就像咱们以前有些东西卖得挺好的，后来发现因为人们的生活已经变了，旧的消费场景消失，新的消费场景不断出现，过去建立大单品的那个场景在不断地减少，那么大单品一定会不断地萎缩。这种情况下，场景消失了怎么办？就要重塑场景。在新的场景里面，让大单品以新的形态、新的包装和新的口味焕发新的生命力。

第四，还有一点与消费群体有关。很多大单品没变，但是人变了，新的群体不用你的大单品了。就像现在年轻人基本不会喜欢妈妈年轻时的东西。所以大单品一定要跟上新的消费群体的需求，始终要保持对细分人群的洞察。

何伊凡： 最后一个问题，商业新世界中的大单品逻辑，和商业旧世界中的大单品的逻辑有什么不一样的地方呢？

侯孝海： 我觉得过去的大单品，更多是综合类的，属于旧世界大市场的大单品。它是能出现在各种场景、在各个场所都能销售、并通过在中央媒体的集中爆发而形成的大单品。

何伊凡： 标王时代的大单品。

侯孝海： 但新世界里面的大单品，往往是一个价值更高的大单品，是更个性、更品牌化的大单品，是属于某个消费群体的大单品，更是某一个品类里更细分的大单品。过去，一个品牌"吃天下"，但现在一个品牌很难"吃天下"，必须塑造多个大单品。

如果你有一个大单品在"吃天下"的话，就一定要出大系列，就要准备成为细分的大单品。所以说，现在到了一个既要保护旧世界的大单品，又要发展新世界的大单品的时代，我们叫作"1+1+n"，这样的大单品要慢慢去做，变成大单品系列。

何伊凡： 也就是不能把原来旧世界里的所有大单品全部都推翻、扔掉。

柴　琇：在一个不断变化的新世界里，人、货、场是供给侧与需求侧最关键的链接要素，而这三者在新世界里都发生了巨大的变化，"Z世代"人群具有独特个性，产品需要注重功能价值与情绪价值的双重满足，消费场景需要赋予更加多元的生动体验。在这个新世界，我们要敏锐地发现变化，进而积极拥抱变化并使得我们自己成为变化本身。

第11章
新世界之愿景凝聚力:警惕"成功者陷阱"
——华润啤酒侯孝海对话高途集团陈向东

对话人
陈向东

陈向东是高途集团创始人、CEO。他曾任新东方执行总裁,于2014年创办高途(前身为"跟谁学"),创业期间多次经历艰难时刻。2019年高途成功在美国纽交所上市,市值一度达到近400亿美元。2021年,高途开始艰难转型。2022年年底,陈向东决定做电商直播,并亲自挂帅做高途佳品。在经历一年多的探索后,2023年年底,高途佳品意外出圈,吸引了大量粉丝关注。

精彩观点

- 榜样不是领导团队的最好方法,而是唯一方法。
- 伪学习最大的问题是什么?是没有学以致用。
- 学习要始终扎根在组织实践中。
- 企业最终的胜出,一定在于差异化。
- 越重要的转型、越艰难的时刻,越要走最大、最光明的路。战略变革要师出有名,任何小术、小道都可能会留下后遗症。
- 一个好的 CEO 应该少做决策。
- 任何"天上掉馅饼"的事情,都不是企业一把手应该考虑的事。

保持学习热情

何伊凡： 我们先从一个轻松的话题开始。两位都是中年人，也都是成功的企业家。虽然人到中年，仍保持着旺盛的学习热情。老侯经常读书，不断学习新东西。Larry（陈向东英文名）也是这样，管理着一家美股上市公司，自己还经常在一线做直播，这在国内也不多见。

所以，我的第一个问题是，你们是如何保持旺盛的生命力和学习力的？你们的驱动力来自哪里？每天早上是什么力量叫你们起床的？

陈向东： 如果你想保持年轻，想和年轻人同步对话，你的思维模式应该和年轻人一样，这就需要不断地学习。所以当下，一个企业家如果不想被淘汰，第一，应该要有如饥似渴的学习意识和学习意愿；第二，要把技术融入企业生产、企业文化的打造中；第三，任何时候都要保持孩童般的精气神，就是复归于婴儿，因为婴儿成长非常快，如果能达到那种状态是非常好的。

所以如果说我有什么特质的话，我认为我的学习能力是比较强的。每天早上醒来，我都感觉到：真好，又是新的一天，又可以学习新东西了。

刚刚在与老侯聊天，我能看到他是如何观察世界，甚至希望改变这个世界，从而发自内心地改变自我的。这对我也有很大的启发。

何伊凡： 侯总是怎么保持这样的学习热情的？

侯孝海： 高途本身是一家提供学习的企业，我相信在创始人身上、在企业发展中，学习都是扎根于心的。

从我的角度来讲，我认为学习首先是一种天性。人这种动物，本身就是学习型的。从小到大，我们要学着走路、吃饭，开始学习。

其次，学习来自经历。我是从农村出来的，如果不学习就考不上大学，考上大学后不学习就找不到工作，找到工作后不学习就没法进步、没有前途。我的经历让我和学习深深地捆绑在一起。

最后，学习来自工作使命的驱动。工作要求你去竞争取胜，要求你不断地适应变化，在市场磨炼中增长本领，这就要求你有极强的学习能力。

我认为，保持学习能力，与天性、经历、工作使命的驱动都有关。

把学习变成一种文化

何伊凡： 刚刚谈到的是个人的热情问题，那么如何把个人的热情贯彻到组织当中？

陈向东： 有一句话是，榜样不是领导团队的最好方法，而是唯一方法。当我们在谈领导力的时候，以身作则和榜样是非常重要的，其中有几个维度：

第一个维度，作为创始人、CEO，你要拼命学习，不断变得谦逊、谦卑。因为学习会让你发现有很多地方自己不懂，不懂的时候就要找标杆、找差距。我认为老侯刚刚讲的一点特别好，在商业世界中，你必须赢，要想赢就得找最强的对手、最强的标杆，在这过程中，你就会发现差距，差距就是要学习的内容。

第二个维度，把学习变成一种制度，通过制度形成一种文化。

我们的做法是经常与核心干部一起读书，定期给经理级别或总监级别的干部送一些书，也经常将一些好书发给全员。我们还会找一些人分享近期读的好书，让更多优秀的人成为榜样，带动周围的人。

到目前为止，我读过几千本书。不怕大家嘲笑，读了几千本书，但我一直没有找到那种很爽的感觉，有时候仍然觉得很吃力。这两年，突然发现有一束亮光照进来，读书读出了一种爽感，而且读得非常快。后来我想，可能就像打怪升级，我从泥泞坎坷中走出来了。

老侯是在农村长大的孩子，我也是从农村走出来的孩子。对农村的孩子来说，真的是学习改变命运。即使已经成为企业家，如果我们想再上升一个高度，仍然得学习。对于当下的我们而言，世界在改变，周围在改变，一切都在往前走，如果我们不学习，就会被甩下，我们不愿意被甩下。

另外，高途员工的平均年龄只有二十四五岁，他们是一群年轻人，如果他们在变，而我不改变，他们跑远了就会将我落下，我就没办法与他们待在一起，配不上他们。作为一个创始人，配不上优秀员工，组织要你何用？

尽管我是公司的创始人，但其实从某种意义上讲，我认为并不是高途需要我，而是我需要高途这个平台。它让我常怀敬畏之心，永远谦逊和谦卑，并提醒我这是最好的学习机会，它让我全力以赴往前奔跑，赶上我的那些小伙伴们。

何伊凡：老侯，你怎样把学习的热情传递给你的伙伴？

侯孝海：学习热情，首先你要将它具象到一个使命上去，变成一个组织的指令。

我们这帮人在干什么？我们是不是要干成一番事业？如果我们不学习，事业能干成吗？当学习与使命、工作、业务高度相关的时候，你才会拥有真正的学习热情。

所以我们一直强调，学习也好，精神面貌也好，一定要扎根到企业的业务和战略中去，扎根于干事业的这群人中去。我们要通过目标驱动主动学习。我们有句话叫"从业务中来，到业务中去"，就是说学习要围绕业务展开，这样才有着力点、有获得感。

其次，要想把学习热情、能力传导到组织中，一把手是最重要的标杆。我相信所有企业一把手的所作所为、风格特征，都代表着一个组织的方向和榜样。因为一把手是整个组织的最高层，整个组织都是在一把手的带领下往前走的，一把手是学习型、热情充沛、激情万丈的人，这个组织势必也会这样。组织形成了推崇学习的文化和氛围，那么不学习、不进步的人是很难在组织中生存的。

避免伪学习

何伊凡： 在组织学习的过程中，我们有时候必须面临一个现实情况，就是出现伪学习的情况。如何避免成为伪学习型组织？

陈向东： 我认为核心是解决问题。一家公司最终的目标是满足客户需求。你的组织目前可提供的产品和服务背后的组织能力，与满足不断变化的客户需求所需的组织能力之间有什么样的差距？要根据这些差距决定所读的书。

不同岗位和级别的干部，应该读的书是不一样的。在企业的不同阶段，应该读的书也是不一样的。在不同的企业周期中，读书方式和检验方式不同。比如，我们在创业初期的时候，读书方式是把大家聚集起来，一起读、一起讨论。今天高途成立已近10年，我们会更加倡导大家轻松地读书。至于他们读不读，坦率地说，那是他们的事了。但特别重要的书，我们还是一起去读。

伪读书会不会发生？我觉得会发生。但对于像高途这样几万人的组织，制度事实上是很难真正检查有没有读书的，唯一的方法是通过文化来解决。

如果你的组织是一个学习型组织，组织内的每个人都争相读书、互相分享，自然而然会"内卷"起来，带动大家学习。不爱读书的人在这样的组织中是没有生存之地的，是会自觉惭愧的。

我们今年提出的一个目标，是把高途打造成为一家最具幸福感的公司。幸福的感受，可能来源于外在的东西，但更多的应来自内在，那么发自内心的读书学习就非常重要。读书是一段旅程，不同阶段、不同维度、不同周期会有不同的美妙的学习方式。你刚刚说到读书的时候，我的脑海中就涌现出了自己过去那么多年的读书场景，很令人陶醉。

侯孝海：我的实践是这样的。

首先，想让一个组织持续学习，而不变成伪学习，一定要跟实践相结合，理论联系实践。

学习有很多种，有启发式的，可以沉淀思想，这是更高层或更高屋建瓴的学习，对战略制定有很大作用；有知识型、技能型的，通过学习掌握一种技能和本领，有助于更好地完成工作；还有在业务实践中学习，并总结理论知识，然后与大家分享，共创学习氛围，这样能直接解决业务中碰到的问题。

这三个层次的学习，一个是为战略服务，一个是为业务服务，一个是为解决重大难题服务。如果你的学习扎根于这些土地上，就能够结出丰硕的果实。

伪学习最大的问题是什么？是没有学以致用。学而不用的学习，学再多也是假学习。当然，这指的是组织学习。个人学习则不同，还有为了满足内心精神需求的作用，比如看历史、哲学方面的书可以充盈内心。组织学习更多的是用来解决问题。

所以，我们公司内部看书，会把重要段落摘抄出来，做点评和分析。我们所有的学习都要落到我们目前所面对的市场、产品、品牌、智能制造、数字化等工作中去，这样才能"到业务中去"。我们还会读一些战略、历史类的书籍，它们虽然不直接与业务产生关联，但能让我们看得更远，对产业的未来趋势判断得更准确。

不扎根于业务实践的学习，就是"耍流氓"，因为对组织、工作没有意义。理论联系实际非常重要。

陈向东：对，这一点说得非常好。彼得·圣吉有一本书非常不错，叫《第五项修炼：学习型组织的艺术与实践》。如果你找到了一个目标标杆，看到了自己与它之间的差距，你希望做的第一步是自我超越；第二步是改变心智模式；第三步是组织共启愿景，如大家怎么做、仗怎么打、价值观怎么刷新等；第四步是团队学习，结合战略、目标、具体策略来学习；最后锻炼出来的能力叫作系统思考的能力。

放下面子

何伊凡：虽然两位都致力于打造学习型组织，对于如何打造这种组织也颇有心得，但不可避免地会面临一个问题：当你要做一个新业务的时候，原有组织中的一些骨干再怎么学习也很难去做新业务。

比如，Larry 要做直播，教育和直播虽然在逻辑上有很多共通性，但毕竟是两种业态，当你要做一个新业务时，你应该如何搭建团队？

老侯也会面临这种情况，华润啤酒一直做啤酒，现在要开始做白酒。在涉足新业务的时候，如何平衡团队中的老人、新人？如何让团队跟上业务变化？

陈向东：我在这方面的教训有很多。我一度因为学习和认知不够，有近两年的时间经常性失眠，那时我到了痛苦、崩溃的边缘。

我 17 岁开始教书，来到北京后，开始做线下培训，也管理过几万人，做得还不错。到 2014 年，随着 5G、音视频技术的发展，线上教育开始兴起，我就创业做线上教育。但是当时没有将整个商业链条、逻辑研究清楚，刚创业的时候很艰难，账上都快没钱了，那时候我们非常痛苦。后来我们在痛苦中不断研究客户，回归商业本质，才慢慢走出来。

做在线教育需要技术人才，所以我们找了一堆技术高手，但是后来才发现，找来了技术高手，也只是补足了整个系统中的其中一环，还有很多环节没有被补起来。有两年，我度日如年。2022年年底，我决定做高途佳品，当时我做了三个重要决策：

第一，高途佳品做电商业务。电商对于高途而言是一个新业务，这次尝试大概率是失败的，如果让其他人来做这件事，失败率可能会更高，所以我决定亲自做这件事。

第二，找一些和我不一样的人。当时我对高途佳品的定义是以内容、文化、技术驱动的电商平台，因为高途是做名师的，有内容、有名师、有IP，我们应该从我们的优势开始。同时，以优质的产品为核心，高途佳品还是以人才的创造和激发为依归的一家实业公司。

把这些确定下来后，我开始找人和学习，找人花费了我很多时间。大年三十，我都在打电话请教高手。粗略计算，我自己打电话求教的电商行业的人士大概有600人。有时候，我从早上开始打电话，一直打到晚上，在电话里求教，跟他们说"求求你教教我，我真的不会"。他们觉得我这样做很不可思议，但对于我的困惑和问题，他们都很愿意解答。我拍短视频，也有很多人告诉我，这个地方不对、那个地方不对，那时候我感到非常美妙。我50多岁了，还是一家上市公司的CEO，身边批评我的人越来越少，但做了电商之后，批评一下都涌来了，它们真挚、诚恳，说实话我内心每天都充满了兴奋感，因为到了这个年纪，还有人批评你、给你指导，让我飞快成长。

第三，我在公司里说，公司内汇报业绩时，高途佳品不必汇报，如果将来真的亏损，我个人掏腰包来弥补。不能因为我这个创始人想做一件事，损害了公司利益和股东利益。做了这个保证后，我就全力以赴去做，后来高途佳品也算"出圈"了，达到了一个高度。

高途佳品的运营逻辑跑通后，我就找了其他人来当总裁，我重新回归创始人的角色。

何伊凡： 作为一家美股上市公司的创始人，你是怎么做到放下面子的？不只是做高途佳品、做直播，其实你从离开新东方创业的第一天开始，你就把面子、身上的荣誉都扔掉了，你是怎样做到的？

陈向东： 我在很多年里是非常"贪嗔痴"的，一度很看重名誉。我记得2003年，我做新东方集团副总裁的时候，买了一辆奥迪车，过年回家的时候想显摆一下，就开着奥迪回到了县城。

我岳父看我开着奥迪车回去很高兴，但是跟我说，你开这么好的车回来，就停在家里，别往外开。我觉得他有点迂腐，没听，出去见人的时候就开着奥迪出去了。回来后，我岳父有些不开心。我还跟妻子说，你爸的思想有点老化。但后来，我自己都感觉不对了，似乎把本我的东西都丢了，而且就像老话说的，死要面子活受罪。

我一直奋斗，突然某一天在想：我要的东西，老天爷都给我了，那之后我还要什么？我43岁决定创业的时候，我也想过，我管过几万人，当过"二把手"，年薪曾经很高，一旦创业就什么都没有了，别人可能会看不起我、离开我、不联系我，但最后想想还是认为，过去所有的都过去了，我什么都不是了。

那时候,我问别人:我们要创立一家伟大的公司,我应该怎么做?我们公司技术部门的小伙伴说,你要像技术人员一样,穿T恤、大短裤、拖鞋,这是融入互联网人才圈最好的办法。我说好,然后真的穿着拖鞋、大短裤去公司了。

我从中找到了一种美妙感,因为我发现,我能听到最真实的语言,这是在过去很多年里不会有的。我创办高途佳品、做经理的时候,前100多名员工都是我亲自面试的,包括一线员工。这是让我真正接触一线员工、疯狂成长的难得的机会。

我曾经想要的东西都拥有了,今天很多东西对我而言就没那么重要了。也可能是我已经到了一个人生阶段,我是1971年出生的,已经到了"五十而知天命"的年龄。

何伊凡: 所以,当我们说要打造一个学习型组织的时候,组织的领导者必须要放下过去,如果连自己都没放下我执,希望组织保持这种状态是不可能的。侯总,如果把企业领导者这层身份抛去,你是如何放下面子、真正触碰到自己的内心的?

侯孝海: 我认为这主要来源于你要什么。你要的是不是把事业做得更好,把团队带得更好,让自己始终保持青春的活力,获得学习的满足感、生活的愉悦感、家庭的幸福感。你要什么,决定你要不要面子。

放下自己,是自己的需求变了。年轻的时候,我们或许会希望别人尊重我们,会因为领导的赏识、表扬一晚上睡不着觉,会因为某次选拔而紧张,但随着年龄、阅历的增长,你会找到自己想要的东西。

"五十而知天命",你会感觉到,你知道要什么,知道做什么了。放下自己,其实蛮简单的,你经历了就会放下,你收获了就会放下,你满足了就会放下。

新业务的打法

何伊凡： 放下自己的话题，实际上是从进入新业务的过程中如何打造团队能力的问题里延伸出来的。回到这个话题，进入新业务，比如华润啤酒涉足白酒，你的团队运营会发生什么变化？

侯孝海： 从啤酒到白酒，这是一个较大的改变。两者虽然都是酒，但不一样。

第一，我们要向行业优秀者、成功者学习，你要知道谁在这方面做得好，要去学习。当然，学习不是照搬、不是复制，而是要知道它们为什么好，它们做对了什么，为什么能做对。我们要了解新业务、新模式的规律特点和基本法则，让我们作为新进入者不犯原则性错误和常识性错误，不犯别人已经犯过的错误，同时通过学习保证我们现在做的事儿是正确的，是在正常轨道上的。

所以我们做白酒，提出了向名酒学习、向大师学习、向兄弟企业学习的口号。因为学习可以使你更快地成长、更快地进步，少犯错误、少走弯路。

第二，一定要搭建一个非常开放、有活力、愿意改变自己、提升自己能力的组织和团队。我们需要选一些人，通过一段时间的淘汰和调整，慢慢形成适应新业务的组织和团队。这个团队要热爱新业务和产业，愿意学习和改变，愿意让自己在新产业中提升自己、成就自己。

第三，我们也一直提倡，学习做一个新业务，要形成自己的特点、打法，有自己的个性。因为即使同样做白酒，每家企业的做法也各有不同。我们所做的白酒相对区域化，尚未发展起来，在过去的发展中存在一些问题，我们团队要解决问题，必须有自己的风格特质，有一套独特的理论和实践体系。

我们不能照搬照抄，要在学习和实践中不断调整、优化、完善，形成自己的成熟模式。学习要始终扎根在组织实践中，这样我们的新业务才会更加安全、稳定，成功的概率才会更高一些。

陈向东： 听老侯说的，我受到一些启发。在互联网产品的打造上，我们提出了"五大经营心法"：找准标杆、学习标杆、死盯标杆、敬畏标杆、成为标杆。等到成为标杆时，就一定要有自己的内容、特色，有差异化的东西。企业最终的胜出，一定在于差异化。

警惕"成功者陷阱"

何伊凡： 刚刚两位都谈到了标杆的重要性，既要有标杆，又要有自己的方法论。谈到公司的危险时刻，通常真正的危险并不是在业务不好的时候，而是在业务看起来一片繁荣的时候出现的，因为繁荣会掩盖组织中的很多问题。你们经历过这样的时刻吗？

侯孝海： 华润啤酒发展30年以来，是经历过这样的时刻的，特别是当我们成为全国第一的时候。大概在2012年前后，有五六年时间，我们业务保持全国第一，还在增长，但增速显然已经慢下来了。那个时候，全公司还沉浸在全国销量第一、全球单品牌销量第一的成绩中，但隐患事实上已经出现了。

当时增速已经开始下滑，盈利水平、产品结构并没有得到提升，在大城市的市场份额也没有得到很好的改善。一系列的迹象表明，公司的发展已经出现一些问题，只是在惯性的驱动下还保持增长而已。

为什么公司已经开始出现危机的时候，我们的组织、企业管理者、团队却没有察觉到？这其中就存在很大问题。如果一个组织和企业，没有学习能力，没有树立更高的目标，缺乏反思精神和危机意识，就很容易陷入对过去成绩的依赖和自信，我称之为"老大陷阱"或者"成功者陷阱"。

这时，它会被过去的成绩遮住双眼，看不到问题所在，更不愿意去改变、调整。我认为这就是企业相对危险的时刻。

陈向东： 做一个好的企业家，要保持适度的焦虑感和危机感。我特别赞同老侯讲的"老大陷阱"或"成功者陷阱"。

高途的 To C 收入从 2017 年的 2000 万元，迅速增长至 2019 年的 33 亿元。与此同时，危机也随之而来。当市场发生变化，短视频和直播刚出来的时候，我们没有抓住机会。后来竞争对手大量进入，疯狂拼投放，我们就遭遇了最大的危机。

所以，后来我总在内部讲三句话：第一，你所做的任何一件事，总会有人比你做得好，会超出你 150%~200%；第二，今天你所赖以成功的核心要素，很有可能在两三年后就不再是成功要素；第三，5 年后，公司营收中应该有 25% 来自当下你还没看到的业务，或者是还没出现的业务。倒逼组织和团队创新，保持危机感，是非常重要的。

而我决定亲自做高途佳品，并不是因为它是创新，而是因为它大概率要失败。当你亲自做一件所有人都认为不太可能成功的事时，就是要告诉大家，我们要创新，同时还要包容失败。

变革要走"大路"

何伊凡： 当你决定要涉足新业务或公司要进行重大转型的时候，内部总会出现不同的声音，在这种情况下，怎样统一认知？

侯孝海： 华润啤酒这几年做了很多大的战略调整，包括关厂减人、与喜力®合作、进军白酒等。这七年，我们干了很多艰难但正确的事。

一家企业能穿越多次产业周期是不容易的。为什么百年企业少？很多企业在发展20年、30年后就被产业新周期淘汰了。世界在变化，产业也在不断发展变化，如果我们不能穿越产业周期，企业还有什么未来？

所以，从华润啤酒变革的角度来讲，我们首先要把公司放到产业发展的大势中去思考：公司的发展是否符合产业发展大势？把这一点看明白了，我们就很容易说服管理团队进行变革。

当我们观察啤酒产业发展周期时会发现，整个产业已经从规模发展转向高质量发展，从产能的分散配置转向大工厂、集约化配置。也就是说，我们已经落后于时代的发展。要想让团队形成共识，最重要的是，让他们看到企业外的改变，以及企业在大环境下该走的方向。

共识，来自共同的认知，不是来自于说服和命令。我们自己要有一套机制，比如我们每年都会讨论产业发展方向、策略、形势，每年三四月份还会召开形势分析会，将所有高层管理团队聚集在一起，分析产业形势对我们的影响、战略是否需要调整等。

有效的机制和核心管理团队的敬畏之心，我认为都是非常重要的。

何伊凡：你说的方法叫讲大道理。很多时候，"大道理"会被认为是一个负面词汇，但从变革的角度来看，把大道理讲明白是一个前提条件。

侯孝海：越重要的转型、越艰难的时刻，越要走最大、最光明的路。因为走任何其他小道或捷径，都容易出现重大问题，可能会使得组织不认同、系统不支持，而大道会获得更多人的拥护。

换言之，穿越黑暗的时候，必须走非常确定的正确道路，走其他路可能会迷失方向。就像古代打仗要师出有名，战略变革同样要师出有名，任何小术、小道都可能会留下后遗症。

陈向东：前段时间公司内部开会时，我还在强调一句话：战略要想赢，往往赢在转折点，所以核心是要找到转折点、变化点。

人和人之间的差距，往往是通过一些危机和关键事件拉开的，企业也是一样。如果企业能在变化之前预知到变化，借鉴别人的成功经验，不犯别人已经犯过的错，就可以把握住转折点、变化点。

此外，我想说三点经验：

第一，做出一个真正的好决策是需要时间的。有人说我是一个杀伐决断的人，当年我们决定做在线直播双师大班课的时候，所有核心团队都不同意，我直接下命令。但他们知道我的风格，我在做关键决策的时候非常慢。我每天都在学习，获得信息，刷新认知，为重要决策做准备。

事实上，一个好的 CEO 应该少做决策。像贝尔集团的 CEO 在 20 年里只做了 4 个关键决策。高途成立已经 10 年了，其实我们所做的关键决策并不多，但那些重大决策做对了，后面的路就完全不一样了。我曾经花 15 个月的时间做出了一个决策，后来发现，这个决策非常正确。

第二，真正达成共识、取得信任，也是需要时间的。

过去10年，我们走得跌跌撞撞，中间两次差点死掉，确实走得很艰难。但我逐渐发现，核心团队慢慢地相互认识，相知10年、20年，慢慢地产生相互的信任，最后也会慢慢达成共识。

第三，什么叫战略？战略的核心不在于战，而在于略。大家都想打胜仗，但关键是怎样整合、聚焦、做减法，不断形成清晰的道路。

美妙感

何伊凡： 今天听到一个词叫"美妙"。美妙是我们追求的一种状态，可能是一种心理的状态、一种心灵的状态。

陈向东： 有两年我过得很挣扎，经常半夜不敢睡觉，拉着公司核心干部出去吃饭，喝酒直到12点多，再回去睡觉，从凌晨2点睡到4点就醒了，开始发呆度过漫漫长夜，那时觉得天怎么一直不亮。

后来很幸运，公司发展起来了。在2018年的某一天晚上，睡觉的时候，我突然莫名其妙地跟自己说了一句"真好"。第二天早上醒来，拉开窗帘、看着阳光，也感到真好。从那时候起，我开始与自己对话，这个习惯也不知道是怎么形成的，每天发自内心地想跟自己说"真好"。

后来想想，"真好"有很多含义。我是从农村走出来的，小时候吃不饱肚子，今天想吃面条就能吃面条，想吃饺了就能吃饺了；

小时候外面下大雨，家里下小雨，一下雨就得拿个盆接雨，现在住的房子遮风避雨，可以让我睡得很安稳。这是不是真好？当老天爷给你的东西远远大于你想要的东西的时候，你会感恩，会每天都处于一种很兴奋的状态。

何伊凡： 侯总，你有这样美妙的时候吗？

侯孝海： 我认为，美妙感是对目前状态的满意和珍惜。其实我对自己的生活和工作都非常满意。我是一个对自己特别认可的人，这不是自信，也不是自傲。我认为我的生活和身体都很好，我享受生活、享受事业。

就像Larry所说的，每天早上看到第一缕阳光的时候会情不自禁地说"真好"。"真好"是发自内心的满足感。一个人如果能拥有这种感觉，会非常美妙。一位企业家再著名，他的企业做得再大，他的财富再多，如果他自己不快乐，他也不是一个成功的人。

我们工作、创业、转型、不断取得业绩增长，实际上带给我们的是——让我们感觉真好，对得起自己、对得起人生。

何伊凡： 两位刚刚说的所谓的美妙感，其实是一种把握当下的状态。对于做企业的人来说，复盘过去不难，展望未来不难，这都是你们的工作日常，但往往最难的是立足当下，找到那种美妙的感觉。

陈向东： 做企业确实很难。以前我不知疲倦，早起晚睡，从不午休，每天像打了鸡血一样。做高途佳品时，经常是夜里两三点看直播，有时候就睡三四个小时。后来把高途佳品交给现在的总裁后，我突然觉得困了。后来我又想，大概是老天让我打个盹，让我享受打盹的美妙。

有人跟我说，现在我们直播间人数变少了。我开玩笑说，我很长时间都没进过直播间了,我怕影响我的情绪。实际上是因为,我认为那已经不是我的事儿了,是高途佳品现在的总裁的事儿。

人的生命有限,我们只有这点时间,应该做我们该做的事儿。当你发现你能做的事儿不多的时候,控制欲望做你自己该做的事儿,自我松弛感就自然而然出现了。

现在我有时还会说,我曾经一度"要死要活"地想进步、怕落下,今天我仍然在努力、进步,因为不学习、不进步就会被时代甩下,但我不会再害怕。

何伊凡: 我们每个人都要调和一个矛盾——既要保持充满激情的学习状态,又要体会当下的美好,我们要在紧张与松弛两种状态中找到平衡。

侯孝海: 我觉得人首先要对自己好,世界上最值得珍惜的是自己,我们要容忍自己的不足。我也有压力巨大或者失败的时候,但我把这些看得特别轻,看得轻不是因为失败、压力小,是因为我认为应该对自己好一点,不应该让它影响我的生活、我的情绪。

我们活在世上就这么多年,为什么非要跟自己较劲儿,对自己那么要求苛刻?我觉得要把奋斗目标和自我心情调节好,奋斗目标是让自己快乐,让自己实现自己的价值。如果为之奋斗的目标让我们痛苦,我们为什么要追求这个目标?我们是不是找错了方向?人最大的痛苦是对自己不宽容,所以我经常讲,放自己一马,让自己过得更简单、更快乐。

如何看待"泼天富贵"

何伊凡： 前段时间，网友都说高途佳品接住了"泼天富贵"，但其实你自己也不知道机会在什么时候会降临。华润啤酒在发展过程中是不是也有很多次这样的经历？比如，抓住了别人没抓住的行业机会。两位如何看待机会？

陈向东： 短视频和直播成了推动渠道变革的巨大力量。如果高途没有做短视频和直播，可能慢慢地会出现重大危机。我们必须去想，谁做这件事。创始人不做这个重大的改革，公司可能命都没了。短视频和直播这么重要，我哭着爬着，满身泥泞也必须往前走，去拥抱这个变化。

很多人不理解，为什么到这个年龄了我还这么折腾。其实没有别人想象得那么复杂，这就是我的使命，是我作为创始人的责任。2022年年底，我们开始做高途佳品，起初一年多的时间里，非常艰难，直播间只有几个人的时候大家一度怀疑这件事，我只能"打鸡血"，鼓舞大家。后来有一天，"泼天富贵"不就来了吗？

很多人都会说，成功是因为运气。但坦率地说，运气就在那，为什么不是你的运气呢？所以，我们必须做好充分的准备，等待运气的到来。

侯孝海： 从企业角度来讲，它的战略、发展模式、管理经营，我认为跟机会没有关系。任何"天上掉馅饼"的事情，都不是企业一把手应该考虑的事。做企业，一定要做确定的事情，要在确定的轨道上做战略、组织、文化上的布局和安排。机会来了，企业可能走得更快一些；机会不来，你也要确保企业成功。机会只能推动企业发展，但不能让它改变企业。

所以，我认为，做企业要看趋势、挑战、风险，不要看机会这种忽然降临的事儿。抓机会是一个很危险的举动，防风险、警惕"灰犀牛"反而是一家企业必须做的，因为风险会扭转发展趋势，甚至让企业"翻车"。

何伊凡：感谢两位，两位刚刚说的都非常精彩。实际上，我们的这场对话是一场关于内心的对话。更清晰地认知自己，才能够更清晰地认知组织、认知团队。

最后一个问题，当你面试高管的时候，你一定会问的一个问题是什么？

陈向东：我会问："对于一个人，你最看重的品质是什么？请说一个关键事件。"

侯孝海：我问得最多的是："你为什么想来我们公司？你想在公司获得什么？"

第12章
新世界之用户洞察力：和年轻人玩在一起
——华润啤酒侯孝海对话脉脉创始人林凡

对话人
林 凡

林凡是脉脉创始人兼 CEO。林凡也许是最了解中国职场年轻人的人。2013 年，他创建脉脉。如今脉脉已成为 1.2 亿职场人都在用的职场社区和求职平台，被外界称为当代"互联网茶水间""公司的大众点评"。

精彩观点

- 所谓的"消费降级",其实并不是降级,而是今天这一批年轻人开始有独立判断的能力,不跟风消费,会自己衡量商品价格与其提供的价值是否匹配。

- 年轻人对美好的定义发生了变化。以前大家的"美好"都是一样的,就是多赚钱、出人头地,现在很多年轻人追求工作与生活的平衡。

- 在这个时代,产品迭代速度变得非常快。现在消费品产品迭代速度提升了 10 倍左右。

- 无论消费者的价值主张、消费需求多么多元化,我们仍要注意谨慎一些。我们不能满足消费者所有的需求,况且他们的需求还在不断变化,我们要抓取共性,找到最核心的东西,推出大单品。因为如果没有一个主基本盘,任何商业都是很难成功的。

- 不能把房子建在一片沙滩上。

- "小样大试"是商业新世界产品开发的秘籍。

- 当你有三五个多样化单品后,你应该反攻主流企业的主流产品,因为那是核心的利润来源和实现规模效应的关键。

"美好"多元化

何伊凡： 今天我们探讨的话题与年轻人相关。当我们谈到商业新世界的时候，年轻人是必谈的话题，因为年轻人是新世界的主流人群。大家都说要洞察年轻人的变化、洞察年轻人的消费需求。作为经常与年轻人打交道的平台，脉脉是如何理解年轻人，怎样做到真正和年轻人在一起的？

林　凡： 要了解现在的年轻人，其实要把握两个最底层的逻辑和变化。

第一，今天的年轻人的受教育程度，特别是受到高等教育的程度，是非常高的。第二，今天年轻人的生活条件普遍较好。这两方面是讨论年轻人变化的最底层的核心逻辑。

受教育程度高的人，有一个很重要的表现，就是有独立思考的精神、有独立的判断力。

现在所谓的"消费降级"，在我看来，其实并不是降级，而是今天这一批年轻人开始有独立判断的能力，不跟风消费，会自己衡量商品价格与其提供的价值是否匹配。

如果二者是匹配的，哪怕很贵，如花10万元去南极旅游，他们也愿意，因为他们会认为，这一辈子就去一趟南极，这钱花得值得。但一包餐巾纸，在他们看来可能1元一包的价格是合适的，如果卖10元一包就太贵了。较高的受教育程度，给年轻人带来了独立判断的精神和能力，他们在挑选商品时，开始更加注重性价比。

从另一个维度上来讲，因为现在的年轻人生活条件好，有很多选择，他们不再依赖别人或受他人的影响。今天年轻人的自我意识，比我们那个年代的人强得多。

在我们那个年代，集体主义精神非常强烈，融入集体才有安全感。而对于现在的年轻人而言，自己才是最重要的。在这种情况下，他们在做很多选择时，只考虑一件事，就是悦己。别人怎么看，跟他没关系，他们只是在做一件自己喜欢的事。

可以看到，受教育程度和生活条件是年轻人消费、择业等各方面出现明显变化的底层逻辑。

何伊凡： 侯总，啤酒最重要的一个消费群体就是年轻人。对你们来说，理解年轻人的变化，特别是他们口味、消费习惯、消费场景的变化，也是一个特别重要的话题。你怎么看？

侯孝海： 随着"Z世代"逐渐成为啤酒消费的主力人群，整个啤酒产业和啤酒企业面临的挑战非常大。正如林总所说，年轻人有几个主要特点，如受教育程度较高、生活条件较好。

此外，他们生于互联网发达的世界，人脉、圈子、信息的获取渠道都非常丰富，同时他们生活在国家富强、民族振兴的时代，家庭、教育环境较好，对啤酒产品品质、消费场景和个性化等都有更多的需求。

啤酒消费进入了"消费者主权时代"，进入了由年轻人自己决定、参与决策的时代，这为传统产业的转型发展带来了不小的挑战。因为中国消费品并不是一开始就为年轻人准备的，而是一代一代传承过来的，从服务20世纪60年代的消费者，到服务20世纪70年代、20世纪80年代的消费者，每一个阶段都要转型。现在忽然来了一群更年轻的人,他们很快将成为啤酒最大的消费群体,但他们跟过去的消费者完全不同。我们认为,这是商业新世界的一个重大改变。

"Z世代"群体的蝶变,是新世界的一个重要特征。它使得产品设计和开发、消费模式、品牌传播、消费场景、员工管理,都产生了巨大改变。

所以,雪花啤酒将"We made for young"(为年轻创造)作为品牌主张。比如勇闯天涯,这个产品当年就是为20世纪80年代出生的人做的,前几年我们又对它进行了全面的品牌焕新和升级,就是因为我们感觉到消费群体迭代了,"00后"开始拥抱啤酒,我们希望勇闯天涯与"00后"有更多的衔接与交流。走到今天,它依然在不断变化、升级,这对我们而言是一个永恒的课题。

何伊凡: 侯总提到一个非常重要的点,当我们探讨年轻人的时候,"年轻人"是一个流动性的概念。林总,脉脉成立11年了,11年前你刚开始创业的时候,年轻人的诉求、状态和现在相比,有没有明显差异?

林　凡: 有。作为一个已经成立10多年的社区平台,这10多年中,脉脉见证了年轻人追求的变化。最大的变化是职场价值观从一元化到多元化。

2013年,恰好是移动互联网真正发力的时候,大家都处于一种饱满的、拼搏的状态。年轻人在职场追求升职加薪,所以在那个时代,大家都认为要拼、努力,想尽一切办法去成长,就一定能收获高回报。到了2017年、2018年左右,"996是福报"被抨击,很多人开始困惑,"996"真的值得吗。

你会发现，今天年轻人的价值观开始变得多元。部分人依然追求积极上进，有更好的发展空间，特别是在人工智能、新能源汽车等行业。而同时，也有很多年轻人开始追求工作与生活的平衡，追求自由。所以出现了很多"网红"、直播间的主播，他们的追求就是能自由安排自己的生活。

从本质上看，受过高等教育的人，有自己的价值主张和判断，所以整个社会的职场价值观从一元变成多元，这是很有趣的变化。

何伊凡： 虽然都是向上，但10多年前是单维度向上，今天则是多维度向上。

林　凡： 年轻人对美好的定义发生了变化。以前大家的"美好"都是一样的，就是多赚钱、出人头地，现在很多年轻人追求工作与生活的平衡。他们的想法是：为什么要那么累？既要有工作，又要有生活。

何伊凡： 侯总，勇闯天涯的第一代年轻消费者和现在的消费者，发生了什么变化？

侯孝海： 勇闯天涯这个产品，就是为不断追求向上、进步的年轻人设计的。到了今天，年轻人的需求、目标更多元了，他们也拥有了更广阔的可自由选择的空间。这给品牌带来了一定的挑战。

我们需要在品牌升级和重塑过程中，关注消费者的变化，关注年轻人的需求。我们的产品和品牌是为满足年轻人的需求而改变的。以前产品呈现的精神是要登山、要胜利，现在随着年轻人人生观、价值观更多元，我们要有更多的产品来满足他们的需求。

产品设计"少一步"

何伊凡: 这对企业"一把手"来说是一个很大的挑战——我们都知道跟年轻人在一起才有未来,但怎样把这句话变成真正意义上的行动?对于年龄较大的企业创始人而言,有一个非常现实的问题,就是怎样保证自己公司的产品永远年轻化。

我先说一个我朋友的例子。我朋友是国内最大的眼镜连锁品牌的创始人,因为眼镜要与时尚结合在一起,所以他面对的客群非常年轻。他尝试过很多方法,最后得出结论:要真正懂得年轻人,就要经常与年轻人在一起玩。所以他做了很多类似公路骑行这样非常细分、垂直的场景,在场景中和年轻人一起玩,这使得他的产品在年轻化方面有了很大的提升。

两位是怎样保证自己的产品跟上时代的?

林 凡: 我从两个方面来讲:

第一,我们要有一种很强的意识——在这个时代,产品迭代速度变得非常快。其实若干年前,互联网企业就一直强调产品迭代要小步快跑。这几年,我们观察到,大量消费品,甚至是大众消费品,产品迭代、升级的速度也开始变快。

我之前跟瑞幸咖啡 CEO 交流时,听他提及,瑞幸咖啡每个月在全国不同城市都会推出一些新品,测试出哪些新品效果不错,再快速推向全国市场测试。而传统的消费品牌,像肯德基、麦当劳,直到几年前都是每隔一两年才推出一两款新产品,一个新品能"打"很长时间。现在消费品的产品迭代速度提升了10倍左右。

这点体现得特别明显的另一个行业是汽车行业。传统车企大概三五年进行一次小升级，十年才会有一次大升级。而现在所有的新能源汽车品牌，几乎每年就有一款新车型推出。

为什么会有这样的现象？就是因为现在年轻人的价值主张多元化。如果你的产品迭代缓慢，产品迭代速度追不上年轻人多元化价值追求的演变速度，必然会被年轻人抛弃。你必须要用非常快的速度迭代产品，以应对年轻人快速演变的价值追求和主张。

所以，我认为非常重要的一件事，就是一定要让自己的产品迭代速度比以前快好几倍。也许未来，啤酒可能也要以一年一款，甚至一年几款产品的迭代速度，去测试年轻人的喜好，而不是像以前那样，一个勇闯天涯就能"打"10年。

第二，方法论上，脉脉较重视三个关键词。

第一个关键词是"直觉"。很多时候，你在进行产品设计时，要看各种各样的数据和分析，这些很重要，但又不是那么重要。

与年轻人玩在一起，就会知道年轻人要什么，这种结论并不来自数据和分析报告，而是一种感觉。

所以做产品时特别重要的一件事，就是要相信直觉。既要看数据，又要相信自己的直觉。直觉，我们认为是产品设计中一个很重要的元素，不管是互联网产品还是消费类产品的设计都是如此。

第二个关键词是"真实反馈"。真实的反馈会让你拿到最一手的信息。最容易获得真实反馈的方法，是去逛各种社区、论坛。只要在社区、论坛泡一泡，搜一搜产品、品牌关键词，就能很好地判断你的产品好不好。

如果没有人讨论你的产品，肯定是最不好的，说明没有人关注你的产品，这个产品肯定是很失败的。如果有人讨论、骂，那说明他在乎你，只是你的某些东西没满足他的需求。当然，如果有人夸你就更好了，你会知道你的产品有哪些点击中了消费者的核心痛点。

第三个关键词是"简单"。我们从互联网产品上更能发现这一点，但其实所有消费品都存在这种现象。以前汽车厂商会告诉消费者一堆发动机、轮胎等的各种参数，但消费者其实并不太懂这些参数。现在，虽然大家都调侃国产电动汽车是"大彩电""大冰箱""大真皮座椅"，听起来似乎没有技术含量，但消费者能体会到舒适、便利。

简单是什么？是直击用户需求。你要想清楚如何解决用户在特定场景下的问题。比如啤酒，很多瓶装啤酒在饮用时需要撬盖子，如果消费者去郊外，或者夜爬泰山，爬完泰山希望喝酒庆祝一下，那去哪儿找起子？拉环式的盖子对消费者来说就更加简单。

所以，你要观察，怎样让产品尽可能简单。可能背后使用的技术非常复杂，但消费者用起来简单就好。

何伊凡： 你能不能举一个更具象的例子？你的社区产品，这两年在这个方向上具体做了什么调整？

林　凡： 比如我们希望大家在平台上反馈真实的公司信息和内容，所以设计出一套昵称机制，不算匿名，但可以隐藏自己的真实身份。而另一方面，因为要社交，又必须实名，所以同时设计了一套实名身份体系。

以前，我们社区平台有两个板块，当用户希望安全地发表公司内容的时候，就去那个板块用昵称身份发表，当他想结交好友的时候，就用实名身份去跟别人交流。

这个设计在逻辑上看似严谨，但从用户角度来看就复杂了，因为要在两个板块之间切换。后来我们将两者打通，发布的时候系统提醒用户选择不同身份，这样整个社区的界面从两个信息流变成了一个信息流。当然，这背后有很多工作要做，包括算法上的、产品设计上的、用户安全感营造上的等。这就是很典型的"少一步"的行为。

抖音和快手也是很典型的例子。以前快手界面是双列，看到感兴趣的内容点进去，抖音则变成单列，喜欢的内容继续看，不喜欢的就划走，少了一步操作。对于互联网产品来讲，少一步操作，是非常重要的事。

消费品现在也有很多这种"少一步"的设计，比如最近小米汽车在新车发布会上就很得意地说，我们有车载手机支架。其实他们的目的就是想帮消费者省一步操作。

不能把房子建在一片沙滩上

何伊凡： 有时候，一个产品经理花费很大的精力，是为了"少一步"，而不是增加一个东西。可能前期产品刚出来的时候，你要不断地在功能上做叠加，但到产品成熟期的时候，对产品经理的一个重要考验就是能不能做减法。

侯总，对于抓住年轻人，你有什么体会？

侯孝海： 作为一个已经存在几百年的消费品，啤酒已经成为全球统一标准的消费品，口味、包装设计、消费场所等都已经定性，所以它的产品更新节奏并没有那么快，迭代速度很慢。

但随着"Z世代"逐渐成为啤酒消费的主流群体，他们对啤酒的需求忽然一下打开了，跟过去完全不一样，这对啤酒世界的冲击非常大。应该说，中国啤酒过去10年的迭代和改变都不如现在一年的变化大。

据我们观察，现在的年轻消费群体有这样一些需求：

他们对过去的产品不满意。

他们当下的需求复杂。复杂性体现在哪里？首先，要新，不断地出新；其次，他们的需求不统一，分了很多层，都得满足。产品设计的压力可想而知。今天你满足了他们的需求，也许明天需求又变了，你满足了这些人的需求，未必能满足另一些人。同时生产供应模式和销售模式也必须改变。

怎么解决这个问题？我们现在想的是这样的：首先，把啤酒产品分成两类：一类与产品品质有关；另一类与情感需求、生活方式、生活场景有关。与品质有关的啤酒，迭代是非常慢的。啤酒的原料，如麦芽、水、酒花，品质要好，口感必须做得越来越好，这是基本盘。在这基础上，我们要以不同的产品、品牌满足消费者的个性化需求，在不同场景下推出多样化产品。

其次，无论消费者的价值主张、消费需求多么多元化，我们仍要注意谨慎一些。我们不能满足消费者所有的需求，况且他们的需求还在不断变化，我们要抓取共性，找到最核心的东西，推出大单品，因为如果没有一个主基本盘，任何商业都是很难成功的。

市场、商业模式天天在改变。"Z世代"现在很快涌入，再过10年又会有新的群体出现。如果仅仅追逐他们各种各样不断变化的需求，是跟不上他们需求的变化速度的。现在有一些新的物种出现，称推出的产品就是针对消费者某些个性化需求的。事实上，如果他们回溯过去三代消费者群体的需求就会知道，消费者需求的变化是很多的。所以，一定要谨慎，要找到最核心的东西去捕捉消费者需求，这样保留基本盘，把个性化的东西当作小品类去发展。

总之，既要关注品质，又要重视消费者情感、需求的变化；既要管过去存量的产品和品牌，对它进行焕新，又要塑造新品牌、开发新产品。

何伊凡： 你能举一个例子吗？

侯孝海： 比如勇闯天涯，我们发现这个产品老了，首先改善的是品质。我们对原料做了升级，用更好的麦芽，使口味更加醇厚。

其次，我们改善了勇闯天涯的包装。过去的包装设计是背包登山的形象，太传统了，我们要把它变成一个更加现代、更符合年轻人价值主张的形象，要改变颜值。

最后，我们不再讲爬山的故事了，那是过去的，我们现在玩的是街舞，玩的是街头运动，这才是年轻人的生活方式。

但是我们没有放弃产品本身的内核，就是一种不服输、勇于挑战的精神，我们认为这就是每一代人最统一、最核心的东西。因为向上、向前、向更好的方向发展，永远是年轻群体所追求的，他们永远有追求美好的动力，这是不会改变的。

何伊凡： 林总，你认同侯总的这个观点吗？

林　凡： 我肯定是认同的。不过，作为消费者，我一直很好奇，现在有很多自热锅，在户外非常方便，那有没有制冷啤酒？当你去户外的时候，不需要带上冰箱，随手拿出一罐啤酒，一打开它就变凉了，随时可以喝上冰镇啤酒。我总觉得这与勇闯天涯的调性很一致。这种功能性的变化，有没有可能体现在啤酒的设计中？

再比如，我经常和朋友一起喝酒，很喜欢100毫升的白酒，因为这种规格的白酒两个人喝，一人一瓶或者一人半瓶，喝起来都是比较舒服的。现在的啤酒大多750毫升、500毫升、300毫升一瓶或一罐，大多不太会喝酒的人只能喝一杯，对于这些人来说，一瓶150毫升装的啤酒或许是最友好的。如果有这样的小瓶啤酒摆在他们面前，就能让他们既融入社交，又不会喝过量。

这些是我认为适合现在这个时代年轻人的一些有意思的产品设计。

侯孝海：小包装啤酒有一个问题，包装成本远远高于酒本身，所以价格相对来说不便宜，就会有消费者认为不划算。

实际上，我们现在也推出了150毫升的喜力®啤酒，在沈阳、福建卖得非常好。我们确实在做这种小包装啤酒，但由于场景还较窄，目前还很难大面积发展小包装啤酒。

小包装化、小瓶化啤酒在中国刚刚开始，我们现在开始从500毫升装向330毫升装发展。现在啤酒包装容量向两极发展的趋势非常明显，除了小包装啤酒，大包装容量的啤酒也很受欢迎，很多人认为500毫升太少了，希望有750毫升容量的。

另一个是消费者对于户外啤酒要求越来越高，它的主要问题是很难冰冻。冰冻比加热更难，这个问题还有待解决。

林　凡：另外，我特别建议向航空公司投放150毫升的啤酒。我在飞机上经常会想喝啤酒，但他们没有，即使有也是330毫升装的，飞机飞行时间短，一下喝完会撑，如果是小包装的就更合适。

侯孝海：这就是需求的多样化。需求多样化、多变，是商业新世界的一个特别重要的特征。

何伊凡： 在商业旧世界，我们可能也会存在这些需求，但很难有渠道将它们表达出来，或者是解决不了。

侯孝海： 第一，从商业角度来说，要解决消费者的需求，需要打造一个完整的产业链、制造链、供应链，成本是很高的，所以你要观察这样的需求是多少人的需求，体量有多大，一定要评判这个。不够大的需求，就无法形成真正的商业，只是一个小生意或者一个不挣钱的生意。

第二，你要看这样的需求能不能撑得起未来，不能说过两年这个需求就没有了。我不能把我的房子建在一片沙滩上。

所以，面对各种需求，企业要去筛选。对于企业来说，聚焦的能力非常重要。有些人看到一个机会就奔涌而上，过几年就发现这个机会和需求忽然消失了。这种现象在商业新世界非常常见。为什么？因为新的消费群体是一群不断变化、有自我主张、很难统一的群体。过去是千军万马一种声音，现在是千军万马千种声音、千个需求。

反攻主流企业主阵地

何伊凡： 所以当我们谈到洞悉年轻人需求的时候，企业可能会面临一个问题：真正的洞悉是什么？怎样洞悉？

侯孝海： 刚才林总有一点说得非常好，就是做一些产品去试验。现在开发产品时做试验品，在群体中试验，远比以前重要。现在要"小样大试"，设计一款产品，先做一定数量的样品，在消费者群体中测试，获得反馈。"小样大试"，这是商业新世界产品开发的秘籍。

林　凡：对，这本质上与互联网产品中的 MVP（Minimum Viable Product，即"最小化可行性产品"）是一样的。

需求的多样性，使得传统的自上而下做产品的方式变得越来越不准确。如果千军万马只有一个需求，那么战略上很容易去鉴别和分析出这个需求，但当千军万马有 10 个需求的时候，做产品、做战略时就很难做顶层判断，需要在细分市场做大量测试和试验，获得反馈后，你就不再是浅层捕捉或适应消费者需求，而能进行更深的洞察。

很多时候，我们做某个产品的试验，并不是简单地获得产品好与不好的结果，而是要在这个过程中捕捉到好与不好背后的核心理由，这些理由可能是设计好产品的一个关键节点。

比如，我记得有一款奶茶产品，使用了一种带有轻腹泻效果的植物，卖得特别好。当时他们研究，为什么这款产品这么受欢迎，最后发现买这款奶茶的都是女生，女生间流传的说法是这款奶茶能减肥。因为它能通过轻度腹泻达到减肥的效果。腹泻只是产品上的表现，事实上产品真正要追求的是减肥效果。

何伊凡：侯总提到"小样大试"。林总认为，不管怎么试，试验结果并不是最重要的，而是要找到结果背后的本质原因，这样才能设计出更好的产品。其实把两位所说的拼在一起，就是一个非常完整的逻辑。

侯孝海：其实现在很多消费品有一个重要机会，就是弥补它们过去的缺陷。有些消费品是有缺陷的，这些缺陷使得它们无法获得更高价值，也无法形成更大面积的销售。如果能弥补这些重大缺陷，会产生巨大商机。

我讲一个例子，豆奶，如果能弥补它的很多缺陷，比如豆腥味、颗粒感等，它的发展可能会比牛奶更迅速。用新技术解决过去没有解决的产品问题，这就是一个非常好的产品创新。老产品换新颜，可能需要一些技术革命。

林　凡： 同时还需要营销、传播的迭代。豆奶有很多好处。很多中国人乳糖不耐受，喝不了牛奶，豆奶更适合中国人。如果有一天解决了豆奶口感等问题，并且通过营销、传播宣传出去，会有很多人愿意尝试豆奶，变成豆奶的忠实用户。

何伊凡： 所以，想抓住商业新世界中的消费者，一方面要技术迭代，另一方面要让别人感知到你的迭代。

侯孝海： 有一些新的快消品牌，设计了很多产品，都比较成功，受到年轻人的欢迎，但有一个问题，就是永远缺一个大单品。比如，新产品上市后有三至五亿元的销售额，但没办法继续增长了。这就是"Z世代"消费需求的特征给企业带来的一个困惑，就是企业虽然敏锐地捕捉到，并且第一个满足了消费者的需求，但只能卖那么多。

企业就会很痛苦，因为需要同时、持续地去做三四个产品，而持续投资会导致资源不聚焦，市场可能会被大品牌挤压，自身竞争力会被削弱，这是很危险的。

所以现在是大单品最重要，却难以创造的时代。过去打造大单品很容易，因为共性太多。现在需求分散，很难形成大单品，大单品弥足珍贵。

林　凡： 我觉得在商业新世界里，要用反向策略。

以前传统消费品行业，都是先做大单品，再多样化经营。但现在，由于头部企业已经牢牢把握住了大单品，很多企业一开始就要做多样化产品，那么就会碰到侯总所说的问题。而且多样化产品只有这么多品类，以至于它们要一直去开拓新市场。

我认为，当你有三五个多样化单品后，你应该反攻主流企业的主流产品，因为那是核心的利润来源和实现规模效应的关键。但今天大部分新品牌，因为在差异化上尝到了甜头，反而没有这样做。

比如拼多多对淘宝产生影响，其实就是因为它反向主攻淘宝的主阵地，以前拼多多是拼团逻辑，现在就是电商逻辑，是一个电商产品。

你在差异化上已经积累了口碑和影响力，这时再去做主流业务，未必拼不过别人。包括小米，我认为它的汽车业务，就是直接向主流阵地进攻。它在电子产品上已经形成了差异化品牌，基本盘已经较牢固，现在开始向主阵地发起反攻。

在商业新世界，你敢不敢去打主阵地，这是这一代消费品企业的一个重要的战略选择。

侯孝海： 包括现在的精酿啤酒，产品非常不错，但因为它的消费场景、消费人群较少，市场容量很小，做精酿啤酒的企业又比较多，所以它们"内卷"，且都做得很小。它们一直强调精酿，但丢失了大盘，结果很难做起来。

说"躺平"的年轻人，在努力工作

何伊凡： 刚刚我们从用户的角度探讨年轻化的问题，现在我们从职场的角度来探讨这个问题。两位公司里肯定有很多年轻人。脉脉本身就是年轻人的职场社区，被称为"互联网茶水间""公司的大众点评"。实际上这些表述还是比较准确的。所以林总会经常和职场年轻人打交道。侯总公司也有很多年轻人。

侯孝海： 我们公司现在"95后"员工的比例大概是百分之二三十。不同部门不一样，生产系统年轻人相对少一些，营销系统以及总部财务、人力资源共享等与数字化相关的业务中年轻人更多。

何伊凡： 所以，你们会面临一个非常现实的挑战，就是如何与年轻人更好地共创。在这方面，林总有什么体会？

林　凡： 年轻人有很多想法、冲劲儿，如何与年轻人进行有效沟通、形成有效的配合，是今天企业要面临的挑战和关键问题。

我举个例子。脉脉有一位员工，当时我们在做商业产品的优化，他就认为我们的商业产品还有很多问题，于是就设计了很多可改进的优化点，他希望通过这些优化点看看我们的产品还有多大空间。因此，他做了很多事。

在总结汇报的时候，他说他一共尝试优化139个产品点，在一年的时间里一直不断地试。前三个月，他试了二三十个优化点，没有任何结果，他自己都快崩溃了。他纠结了很久，决定继续试。到第二季度，二三十个优化点中，开始有两三个出现结果了。他仍然继续试，并从中挖掘用户的底层逻辑。最后，他因此获得了15%的收入提升。

我给他颁奖的时候说，这种勇气、这种精神是非常令人敬佩的。其实但凡在职场多干几年的人，都不会在失败这么多次后，仍然继续尝试。他们可能会认为失败是因为大方向不对，干脆就做领导让做的事就好了。但这位年轻人一定要证明这件事是可行的。

我认为要放手让年轻人去做。有一个典型的例子，有一次我与 Keep 创始人王宁交流，他提到 Keep 有一个奖牌非常火。他说他到今天都没有理解奖牌是怎么火的。当时他们公司有一位"95 后"的员工坚信奖牌一定能火，管理层虽然不懂，但拨了一点资源让他尝试，没想到真被他做起来了。

所以，给年轻人一定的资源，让他们在给定的空间里自由成长，有勇气、有冲劲的年轻人就能闯出一片天空。这是一件很有意思的事。

另外，年轻人会提供他观察这个时代的视角和观点，这也是非常难得的。很多时候开管理会，参会的都是年长的人，听不到年轻人的观点，所以我们有时在开会的时候，有意找一些一线的年轻人，一起探讨交流、进行头脑风暴。

比如说到年轻人职场，有一次开会的时候，有一个年轻人提到最近特别流行职场拜佛，很多人都要去抽签、许愿、买手串等。当时我们就做了一个"offer 寺"活动，在雍和宫摆了一个摊，让年轻人去许愿、还愿。那个活动非常有意思，吸引了很多年轻人。虽然是线下活动，但很多人会在线上发帖，还会在线上还愿。事实上，很多时候，年轻人喜欢一个东西，并没有什么科学道理，只是追求有趣、好玩。

啤酒行业也是如此，如果一堆年长的人讨论啤酒的产品定位，怎么可能掌握 80% 的年轻消费者的心理和喜好呢？我认为应该设置一定的机制，从基层筛选出一些有观念、有想法的年轻员工，定期与管理层进行讨论和头脑风暴。在这个过程中，让年轻人的声音和能量释放出来。

此外，科技赋能在今天越来越重要。大模型越来越强，如果你让四五十岁的员工用大模型，他们可能会当成一个任务，用一次就不再用了。但如果让年轻人使用大模型,过两天他们就能使用得特别流畅。年轻人是拥抱新技术和新事物最强的人,特别在技术变革时代,我们要给年轻人一些技术上的赋能,帮助年轻人。

最后,管理上要尽可能地真诚,将所有你想说的,实事求是地与对方沟通。这不仅是对年轻人,对所有人都一样。年轻人更希望有真正的沟通,哪怕是说公司的不好之处,他们喜欢实事求是的沟通。

以上是我对这个时代年轻的职场人的一些观察。

何伊凡: 林总主要从互联网公司的角度来看与年轻人共创的问题。关于这个问题,消费品公司与互联网公司有何异同点?

侯孝海: 从传统产业来看,有几点比较重要。

第一,不管是不是年轻人,企业与员工是相互选择的。员工选择企业,愿意为之奋斗,在这个地方贡献自己的力量,有他的需求。从企业角度来说,员工进入企业,要为企业创造价值,创造更多的工作成果,企业是一个资源平台。因此,我们必须想清楚,这个产业和企业需要什么样的人。

华润啤酒把企业的人才标准放在重要位置。如果从人才标准看,岗位适合年轻人,那就要招进年轻人,如果不适合年轻人,那就要招其他人。不过,随着公司的发展,人才标准对年轻人会越来越友好,因为他们掌握了新知识、新科技,他们拥有非常强的创造能力。

第二,企业要制定好规则、制度。作为一家大企业,做事必须规范,制度必须明确,公开考核,人员进出有程序、有章法,符合法律、政策规定。

绝不占任何一位员工的便宜。也就是说，企业规则要对员工友好。除了符合国家政策、制度，企业自己的制度要严谨、流程要规范，企业要向善。要想吸引年轻人，规则和制度很重要。

第三，公司一定要有文化，且这些文化是年轻人认同、能够接受的。

年轻人喜欢的文化是什么？第一个是自由、融洽的氛围，让年轻人拥有说话的权利，有做事的标准，尊重规则，以及有公平的机制。

文化是需要塑造的。华润啤酒有很多年轻人喜欢的员工活动，比如去户外野餐、徒步、"Citywalk"等。

此外，给年轻人更多的关心和话语权，让他们在公司内不被压制，能够对公司"说三道四"，有自由的选择，可以发表自己的意见。

总之，一家企业要对年轻人有一定的侧重，确保企业保持活力。

何伊凡： 侯总谈到文化。作为一家职场社区平台，脉脉自己的文化是什么？

林　凡： 一方面，脉脉的内部文化是比较平等的，希望让每一个人充分发挥自己的能力。对于一家对创新要求很高的公司而言，让每个人把自己的能力发挥出来，是非常重要的。

另一方面，我们追求极致。要把每一件事做好，特别是互联网产品，需要做好每一个细节和每一件具体的事。比如，刚刚提到的如何把两个信息流变成一个信息流，如何在算法优化的基础上让不同的人群看到喜欢看的内容，把个性化做到极致。很多时候都要靠把事情做到极致，才能取得最后的效果和结果。

还有别的几点，就不详细展开了。但总体来说，我认为跟侯总刚刚讲的一样，要让年轻人舒服，能够让他们把自己的能量发挥出来，这是最重要的事情。

侯孝海： 而且要关注细节。公司很多的价值主张可能体现了这些细节，过去的员工不一定会在意，但今天年轻的员工会很在意。比如，不鼓励加班、假期正常放假、员工培训学习等。

何伊凡： 最后一个问题。这两年我们听到了很多词，比如"内卷""躺平"，但实际上很多年轻人一边喊着"躺平"一边努力工作。企业没有预期，就没有办法做大，个人也是如此，没有预期就不知道往什么方向发力。应该怎样和年轻人共建预期？

林　凡： 共建预期的前提是了解预期。很多年轻人的表达和实际行为之间脱节，是我们观察到的一个明显现象。他们经常嘴上说"躺平""不想干"，实际工作中非常努力。

我认为，年轻人其实在反向管理我们的预期。他们不希望你对他们有很高的预期，这样他们就需要背着很大的责任和压力。你会发现，现在的很多年轻人在表达上趋于保守。

第一，了解预期。你如果要让年轻人说真话，需要建立长时间的信任，但可以通过别的方式去观察，一种是观察他自己的行为，另一种是看他周围的人对他的评价。这些都有助于了解年轻人的真实心理。

第二，找到企业与个人的共赢点。企业为了达成目标必须要做的事情，与员工个人预期会有一些差异，我们要了解差异点是什么、怎样让年轻人更愿意投入。这需要一定的管理艺术，需要在员工预期与企业目标中找到一个合理的逻辑关系和平衡点。

很多数据表明，今天的年轻人选择的工作，其实与自己的预期存在微妙的平衡。比如，超 50% 的年轻人选择企业的第一标准是，企业有上升通道和成长机会。超三分之一的年轻人希望在一个规模稳定的企业中工作，背后的核心预期是稳定，这是这个时代比较特殊的情况。年轻人还期望企业具有知名度，他们会产生自豪感和归属感，企业和品牌也在反向为他们背书。

成长、稳定、企业知名度，这是现在年轻人的几个主流预期。我们要思考的是，如何在管理中将他们的预期与企业发展融合起来，形成企业与年轻人和谐发展的状态。

何伊凡： 说得非常完整。侯总怎样看待"预期"这个话题？

侯孝海： 首先，我认为管理年轻人的预期，并不是说要管理一个企业和组织团队的预期，因为我们无法管理每一位员工的预期，我也不认为商业需要穷尽精力管理每一位员工的预期，这不是商业的根本。

我们要把企业发展的预期当成最大的目标，把企业的不断成长、穿越经济周期当成第一任务。当你的事业蒸蒸日上的时候，你不需要担心没有人来，相反如果事业没做好，其他的都是空谈。

其次，企业要创造一个良好的发展机制，包括职业发展、能力发展。职业发展机制是指要给年轻人提供上升的平台和空间，但这个空间有严格的标准、程序、制度。过去 5 年，华润啤酒构建了双通道发展，包括管理通道和职业通道。

除此之外，企业还要给予员工能力提升的通道，让他们不断学习、接受培训、对外交流，开阔视野，增强专业知识和实践经验，获得提升。

何伊凡： 感谢两位。两位说得非常完整，我也获得了很多启发。在商业新世界，和年轻人在一起，就是和未来在一起。

附 录

小贴士：老侯的新世界 36 计

1. 我们迈入了一个新的发展周期，这个发展周期和过去迥然不同，已经从规模发展向高质量发展迈进。
2. 今天我们遇到的是深层次的问题，不是一个政策、一个制度、一个文件、一个策略就可以解决的，需要时间调整，需要结构性的改变。
3. 中国新时代的发展对当下企业的投资、经营、发展产生了前所未有的冲击和影响。过去有用的模式和方法会失效，甚至会伤害到自身，必须建立新模式。
4. 企业不能用商业旧世界的规则和战略解决商业新世界的问题，不能用旧世界的思维和认识看待新世界出现的矛盾，不能用旧世界的方法解决新世界的新问题。
5. 变化蜂拥而至，危机十面埋伏，各种不确定对商业旧世界形成冲击，商业新世界的未来充满迷雾。怎么解决？拥抱新世界。
6. 不要在商业旧世界里面憧憬，而要用商业新世界的规则打造企业新战略，用新世界的眼光寻找企业新方向，用新世界的思维解决企业当下和未来面临的新问题，以建立商业新世界的竞争能力。
7. 过去赖以生存的优势很可能成为今天的困难所在，一定要重新打造企业面对商业新世界的竞争力，数字化和科技创新能力、人才能力、供应链韧性、资本效益、成本管理等都是企业未来的核心竞争能力。

8. 并非某些群体、某个企业进入新世界,而是整个快消品行业、消费趋势,乃至经济与社会,都进入了新世界。

9. "新世界"作为一个名词,承载着推动公司重塑战略、重塑组织,推动企业不断塑造自身竞争能力、不断进步的使命。

10. 这不是一个做加法的年代,而是做减法、做价值、做质量的年代。

11. 商业新世界中,增长是第一策略。

12. 企业变革力是应对今天不确定时代最重要的一种竞争能力。

13. 啤酒新世界里最突出的能力,就是能不能变革、敢不敢变革。

14. 变革要考虑条件具不具备的问题。事实上现实不可能具备所有条件,那就具备多少干多少,缺少条件创造条件。

15. 很多时候变革失败的原因就在于不够决断。决而不断、当断不断,是变革大忌。

16. 变革要"外看刚硬,内看柔软"。从外部来看,变革要刚硬,大刀阔斧,一往无前,但从内部看,做事要有柔软度。

17. 变革中,为什么(why)最重要,怎么做(how)不重要。

18. 要战战兢兢,始终在一线,始终找准市场的脉搏,去变革。

19. 我们不能犯颠覆性的错误,但是在探索时期,我们要容忍犯一些错误。

20. 相比局部性、阶段性的消费缩减,消费升级才是长远之势。

21. 在内循环形势下,内涵式的质量升级、管理升级、运营升级和数字化升级等,特别是拓展延伸自身产业链,成为中国企业做强做大的重要方式。

22. 要建立适合新世界的独特、个性、品牌化的自有 IP。

23. 同等价格，具备更好品质，这是新世界产品升级的根本保证；更好的颜值、品质和价格，这是新世界产品的基本规律。

24. 高端化战略中，既要做高端化，又要守住基本盘，两手都要硬。

25. 啤酒旧世界的主旋律是"做大"；新世界的主题是"做强"。

26. 啤酒新世界的竞争，是品牌群的竞争，而非单个品牌的竞争。企业未来需要的不是运营一个品牌的能力，而是运营五六个品牌，甚至更多不同个性品牌的能力。

27. 我们今天所做的事情是不是和"Z 世代"相关，生意模式是不是建立在他们的身上，决定我们五年之后还能不能站在这里。

28. 如何让产品与年轻人在一起？唯一的解决办法就是，建立年轻人洞察、年轻人分析和研究的机制，通过机制保持年轻。

29. 现在是真正进入美学的时代、"美"酒的时代。美做得好不好，最终还是要由市场、消费者、时代来检验。

30. 新世界和旧世界最大的一个区别是：过去是厂商自己做产品，消费者被动接受；现在是消费者做选择，我们叫"消费者主权时代"。

31. 消费新世界的一个重要特征，就是消费者了解你——因为是你，才选择你。

32. 过去的创新是简单的创新，如换个包装、提升口味。现在的创新是全方位的创新，从原料到工艺，从包装到消费场景的打造，再到消费者沟通，要一条线打通才行。

33. 现在是商业新旧世界交织在一起的时代，是一个"既要又要还要"的时代。

34. 越重要的转型、越艰难的时刻，越要走最大、最光明的道路。走任何其他小道或捷径，都容易出现重大问题。

35. 对风险最大的防控，来自于对业务和投资的极致管理能力。

36. 谁能够应对变化，谁能够在变化中找到适合自己发展的策略，谁就能够找到差异化、个性化的发展道路，谁就可能在不确定的时代中领先、实现增长。